Ralf Lindner
Bertie der Terrier

Meiner zieht immer!

Wieder Spaß am Spaziergang mit lockerer Leine

© 2011 KYNOS VERLAG Dr. Dieter Fleig GmbH
Konrad-Zuse-Straße 3, D-54552 Nerdlen/Daun
Telefon: 06592 957389-0
Telefax: 06592 957389-20
www.kynos-verlag.de

Grafik & Layout: Kynos Verlag
Gedruckt in Lettland

ISBN 978-3-942335-21-8

Bildnachweis: Alle Fotos Amelie Luthardt, außer Titelbild: www.fotolia.de;
S. 37: Kerstin Bögeholz
Grafiken: Ralf Lindner und Kynos Verlag

Mit dem Kauf dieses Buches unterstützen Sie
die Kynos Stiftung Hunde helfen Menschen
www.kynos-stiftung.de

Das Werk einschließlich aller seiner Teile ist urheberrechtlich geschützt.
Jede Verwertung außerhalb der engen Grenzen des Urheberrechtsgesetzes ist ohne schriftliche Zustimmung des Verlages unzulässig und strafbar. Das gilt insbesondere für Vervielfältigungen, Übersetzungen, Mikroverfilmungen und die Einspeicherung und Verarbeitung in elektronischen Systemen.

Haftungsausschluss: Die Benutzung dieses Buches und die Umsetzung der darin enthaltenen Informationen erfolgt ausdrücklich auf eigenes Risiko. Der Verlag und auch der Autor können für etwaige Unfälle und Schäden jeder Art, die sich bei der Umsetzung von im Buch beschriebenen Vorgehensweisen ergeben, aus keinem Rechtsgrund eine Haftung übernehmen. Rechts- und Schadenersatzansprüche sind ausgeschlossen. Das Werk inklusive aller Inhalte wurde unter größter Sorgfalt erarbeitet. Dennoch können Druckfehler und Falschinformationen nicht vollständig ausgeschlossen werden. Der Verlag und auch der Autor übernehmen keine Haftung für die Aktualität, Richtigkeit und Vollständigkeit der Inhalte des Buches, ebenso nicht für Druckfehler. Es kann keine juristische Verantwortung sowie Haftung in irgendeiner Form für fehlerhafte Angaben und daraus entstandenen Folgen vom Verlag bzw. Autor übernommen werden. Für die Inhalte von den in diesem Buch abgedruckten Internetseiten sind ausschließlich die Betreiber der jeweiligen Internetseiten verantwortlich.

Inhaltsverzeichnis

Warum macht der das?	12
Keine Bewegung ohne Ziel	13
Millionen von Zielen	13
Erfolgsprinzip	19
Abertausende kleine Erfolge	19
Was bedeutet Erfolg	19
Zauberwürfelprinzip	21
Ziehen um des Erfolges willen	22
Kleine und große Erfolge	22
Fehlende Alternativen	22
Mangelnde Kommunikation	22
Hundesprache	22
Emotionen	23
Bisherige Gegenmaßnahmen	25
Der Leinenruck	25
Die verschiedenen Erziehungshilfen	28
So spricht der Hund	34
Kontrolle durch Einschränkung	35
Zieht Eure Lehren!	38
Wer stoppt wen und warum?	
Dämmert es langsam?	41
Die Sache mit dem Stress	44
Was ist Stress?	44
Stressoren	45
Was passiert denn da im Körper?	45
Der Fehler im System	47
Dauerhafter oder starker Stress überlasten den Körper	47
Die Stressreaktion	48
(Neuro-) Chemische Tatsache	50
Der Stress Eures Hundes	51
Stress beim Spaziergang	51
Der Spaziergang fängt zu Hause an	52
Der Weg zum leinenführigen Hund	53
Maßnahmen im Haus / Alltag	53
Verfolgungsverbot	59
Kontrollverbot	60
Essen gegen Arbeit	60
Feste Regeln	61
Feste Leinenlänge	62
Hunde können Entfernungen sehr gut erkennen	63
Die goldenen Hunderegeln	66
Keine Ausnahmen bitte …	66
Wer oben steht hat Vorfahrt	66
Sprachliche Barrieren	68
Kommunikation	69
Jetzt aber …	71
Erinnerungen	71
Leine und Leinenhaltung	71
Halsband oder Geschirr	73
Leine frei	75
Ein Riesenunterschied	80
Führen und leiten	90
Hundesprache	90
Lob	90
Übungen zur Perfektion	91
Anschauen üben	91
Anforderungen	93
Jackpot	93
Das geht auch draußen	94
Aber bitte recht zügig	94
Einschränken üben	95
Trockenübung	95
Und dann mit Hund	96
Unsere Stärken sind Eure Schwächen	97
Konsequenz	97
Vorausschauen	97

Splitten und Bogen laufen	101
Anschauen nicht vergessen	103
Die Tricks meiner Kollegen	104
Von Anfang an	**107**
Auf geht's!	107
Das Ritual	107
Sesam öffne Dich	108
Aus der Türe aus dem Sinn	109
Bitte einsteigen	109
Alles aussteigen	109
Und alles wieder umgekehrt	109
Eure Wurfhöhle(n)	109

Trainingsteil

Butter bei die Fische	**113**
Verfolgung	113
Schlafplatz	113
Torwächter	113
Regeln	113
Schau an, schau an …	114
Na, ja …	114
Trainingsutensilien	**115**
Eine mehrfach verstellbare, flache, gut in der Hand liegende Leine	115
Ein normales, gut angepasstes Halsband (Keinen Würger, keine Kette)	115
Ein gut angepasstes Geschirr	116
Kleine, weiche Leckerchen in einer Bauchtasche oder einem Futterbeutel	116
Festes Schuhwerk	117
Eine besonders leckere Jackpot Belohnung	117
(Nur) falls Ihr mit dessen Umgang vertraut seid, auch einen Clicker	117
Das Superlieblingsspielzeug Eures Hundes	118
Begriffe	**119**
Leinenhand	119
Sofortiger Stopp	121
Zeigehand	121
Doppelführung	121
Entdeckerruf	124
Wechseln vor dem Hund	124
In-Wendung	126
Trainingsablauf	128
Trainingsorte	128
Überprüfung	128
Trainingsthema 1 – Einschränkende Wendung	**131**
Einschränkende Wendung ganz für Euch allein	131
Schrittfolge	134
Einschränkende Wendung mit einem anderen Menschen	134
Einschränkende Wendung mit dem Hund	135
Zwischen den Trainings im Alltag	135
Test	136
Trainingsthema 2	**138**
EW unter sterilen Bedingungen »einfach«	138
EW unter sterilen Bedingungen »Schwierigkeitsstufe 1 + 2«	138
EW im Spaziergang »einfach«	138
EW an längerer Leine	140
Zwischen den Trainings im Alltag	141
Test	141
Trainingsthema 3	**142**
EW am Zaun	142
Das Kommando »Hinten«	143
Das »der leckere Baum« Spiel	144
Zwischen den Trainings im Alltag	144
Test	145
Trainingsthema 4	**147**
Einschränken unter starker Ablenkung	147
Hinten	148
Überqueren einer Straße	148
Zwischen den Trainings im Alltag	149
Trainingsthema 5	**151**

Wechsel und In-Wendung üben	151
Splitten und Bogen laufen	151
Zwischen den Trainings im Alltag	154

Trainingsthema 6 — 156
- Erkennen und Merken der Sichtlinien — 156
- Aus dem Haus nach draußen — 156
- Ein Spaziergang — 158
- Zwischen den Trainings im Alltag — 159
- Zielübung — 159

Trainingsthema 7 — 161
- Aus dem Haus — 161
- Weg zum Auto — 161
- Am Auto — 161
- Alles Aussteigen — 162
- Zwischen den Trainings im Alltag — 164

Trainingsthema 8 — 165
- Extra für Gruppen — 165

Trainingsthema 9 — 166
- Auf zum Spaziergang — 166
- Zwischen den Trainings im Alltag — 167

Trainingsthema 10 — 168
- Waldspaziergang — 168

Erfüllt mir bitte einen Wunsch — 169
- Bitte sehr! — 169
- Dankeschön — 170

Vorwort

Endlich darf ich auch mal etwas schreiben. Das tut gut. Oh, Verzeihung. Ich habe mich noch gar nicht vorgestellt. Ich bin Bertie sein Meiner. Äh, für alle, die nicht zu den zwölf Millionen Menschen gehören, die bei uns im Ruhrpott leben, muss ich das wohl erklären: Hier bei uns sagt man »Meiner« oder »Meine« zu seiner besseren Hälfte. Beim Metzger heißt es also: »Tun se ma noch sechs Scheiben von die feine Bierwurst – die isst Meiner ja so gerne.« Und in der Kneipe erzählt der Kumpel seinem Kumpel: »Meine hat mich gestern von die feine Bierwurst mitgebracht. Hat bestimmt widder'n schlechtes Gewissen, weil se mich doch dat Auto gegene Wand gesetzt hat.«

Meiner ist also die liebevoll verschämte Beschreibung für »mein Schatz«, »mein Liebster« oder einfach nur »mein Mann«. Für einen, den man zwar irgendwie lieb hat, der aber eben auch in den letzten vier Jahrzehnten ein bisschen zu vertraut geworden ist, als dass man noch Flugzeuge im Bauch hätte.

Genauso geht es mir mit dem Bertie und ihm mit mir, also mit »Meiner«. Wir kennen uns. Wir lieben uns. Wir respektieren uns. Wir hassen uns. Wir ergänzen uns. Jeder auf seine Art und so gut er kann. Ich kann die Kühlschranktür aufmachen und er fängt die Ratten im Garten. Ich kümmere mich um ihn und er ist immer für mich da. Und das hoffentlich noch sehr, sehr lange.

Der kleine Terrier hat mich sicherlich mehr gelehrt, als ich ihm jemals beibringen kann. Und eins kann ich Euch versprechen: Der Bertie mag manchmal listig sein und oft auch viel zu platt – im Sinne von hart oder offen – aber er ist immer ehrlich. Er redet nicht um den heißen Brei herum. Warum auch? Er ist Bertie, der kleine Terrier. Und wenn jemandem etwas nicht passt, dann kann er es ihm ja sagen.

Und trotzdem oder gerade deshalb wird der charmante, kleine Kerl auch Euch um den Finger wickeln, da bin ich mir ganz sicher. Bei mir hat's schließlich auch geklappt.
So wünsche ich Euch viel Spaß bei der Vermehrung der noch zu gewinnenden Einsichten und viel Freude mit diesem Buch

Meiner

Einleitung

So, so. Ihr wollt also Eurem Hund das Ziehen abgewöhnen. Einfach und schnell. Ohne viel Arbeit und ohne umwälzende Änderungen?

O.K., dann kann ich Euch leider nicht helfen. Am Besten gebt Ihr das Buch zurück und lasst Euch weiter durch die Gegend zerren.

Das Führen eines Hundes nach meiner Methode ist sicherlich nicht »mal eben gemacht«. Ich sage lieber gleich, dass es mitunter sehr schwer und hart werden kann – und zwar für Euch beide. Aber meine Methode ist äußerst effektiv und wird aus Dir und Deinem Hund ein Team formen und so dafür sorgen, dass Eure Spaziergänge zum entspannten Vergnügen werden können.

Ein Team unterliegt Regeln. Festen Regeln. Deine Aufgabe wird es sein, Deinem Hund diese Regeln so zu vermitteln, dass er sie auch versteht und diese Regeln konsequent zu überwachen. Nicht mehr und nicht weniger. Dazu musst Du diese Regeln natürlich erst einmal kennenlernen und verstehen, warum Du diese Regeln aufstellen musst.

Sicher. Die Erklärung dieser Regeln wird Dir hier und da ein wenig ausführlich erscheinen. Lies sie bitte trotzdem. Es ist nämlich superwichtig, dass Du verstehst, warum Dein Hund zieht und dass Dein Hund auch verstehen kann, was Du ihm mitteilen willst. Dann und nur dann wirst Du in der Lage sein, ihn davon zu überzeugen, dass Ziehen etwas für Dummköpfe ist.

Euer Bertie

Warum macht der das?

Viele von Euch, wenn nicht sogar alle, fragen sich bestimmt, warum ein Hund so dumm ist, an der Leine zu ziehen. Und fast alle von Euch haben sich schon ungefähr diesen Satz sagen hören:

> »Wir hätten es doch beide viel bequemer, wenn er ordentlich neben mir herlaufen würde!«

Was soll ich sagen? Das stimmt. Nur weiß Euer Hund das nicht. Und genau das ist das Problem.

Keine Bewegung ohne Ziel

Wir Hunde brauchen immer eine Motivation, damit wir uns in Bewegung setzen. Wir würden niemals, so wie Ihr es oft tut, einfach so durch die Gegend spazieren und das schöne Wetter genießen. Wir setzen uns nur dann in Bewegung, wenn wir in mehr oder weniger großer Entfernung etwas Interessantes sehen, riechen oder hören. Die freudigen Luftsprünge, die wir manchmal am Anfang eines Spaziergangs vollführen, drücken lediglich unsere Vorfreude auf die bevorstehenden Entdeckungen aus. Die eigentliche Bewegung erfolgt dann jeweils von Ziel zu Ziel.

Auch beim Spielen mit unseren Kumpels folgen wir dieser Regel. Nur folgen wir dabei nicht unserem Entdeckergen, sondern verfolgen ganz andere Ziele. Wir laufen zum Beispiel, um den anderen zu erreichen oder zu überholen, beziehungsweise um vor einem anderen wegzulaufen.

Keine Regel ohne Ausnahme
Oder wir rennen – wie von der Tarantel gestochen – herum, um Stress abzubauen. Dabei haben wir dann kein direktes Ziel, im Sinne von einem Ort zu dem wir laufen wollen, sondern einfach nur das Bedürfnis, die störenden Stresshormone zu verbrauchen, um uns wieder entspannen zu können.

Millionen von Zielen

Jeder Hund hat auf einem ganz normalen Gassigang unendlich viele Ziele. Das können Ziele sein, die Du – mit der nötigen Weitsicht und Übersicht – auch erkennen kannst. Die meisten dieser Ziele bleiben Euch Menschen aber verborgen, weil Ihr erstens nicht auf das (Hunde-) Wesentliche achtet und zweitens nicht in der Lage seid, das zu riechen, was wir Hunde riechen.

Ein ganz normaler, aber gut trainierter Durchschnittshund wie ich ist in der Lage, zwei Sandkörner auf einem Strandabschnitt von 50m x 500m zu finden, wenn diese einen bestimmten – mir bekannten – Geruch haben und nicht viel tiefer als einen halben Meter vergraben sind. Das ist ein Klacks für mich, so wie für Euch etwa das Einkaufen in einem Supermarkt.[1]

Aber woraus bestehen unsere Ziele? Gehen wir nur immer der Nase nach? Ha, das wäre ja einfach! Aber da muss ich Euch leider enttäuschen.

Sichtziele
Wir Hunde achten unter anderem auf ganz besondere Sichtziele, die Ihr auch erkennen könntet, wenn Ihr nur mal die Augen offen halten würdet. Stellt Euch einfach mal vor, Ihr würdet, nachts um eins, durch eine Euch nicht bekannte Straße laufen. Hier

---

[1] siehe Anne Lill Kvam; SPURENSUCHE; Animal Learn; Seite 10

und da hört Ihr ein verdächtiges Geräusch und – oh, hat sich da nicht gerade etwas bewegt? Und gleich müsst Ihr unter dieser Brücke durch. Uhh, ist das unheimlich. Da sind Eure Sinne doch gleich geschärft. Schließlich könnte hinter jeder Ecke, hinter jedem Baum und aus jeder Hauseinfahrt Gefahr drohen!

Hinter Ecken und Hecken
Seht Ihr. Jetzt wisst Ihr, was ich meine. Wir Hunde gehen schon am helllichten Tag so durch die Welt. Schließlich wissen wir ganz genau, dass Gefahren überall lauern können. Und deshalb schauen wir um jede Ecke und hinter jede Hecke. Hinter jedes Auto und in jede Einfahrt. Schließlich müssen wir doch für Euch mit aufpassen. Aber das ist ein anderes Thema, dazu erzähl ich Euch später noch mehr.

Bekanntes und Unbekanntes
Manche Ziele wollen wir besonders schnell erreichen, weil sie für uns mehr oder weniger wichtiger sind als andere. Das können bekannte Ziele sein, wie zum Beispiel der Metzgersladen oder Euer Auto. Aber auch (noch) unbekannte Ziele, die es zu erfor-

Ist da wer?

schen und zu überprüfen gilt, wie zum Beispiel die Mülltonne, die da gestern noch nicht stand …

ALLE DIESE SICHTZIELE KÖNNTET IHR AUCH ERKENNEN, WENN IHR MAL EIN BISSCHEN BESSER AUFPASSEN WÜRDET!

Formengedächtnis

Jawohl, aufpassen! Und genau hinschauen. Denn manche Sichtziele, die Ihr gar nicht weiter beachtet, sind für uns besonders wichtig, weil sie zum Beispiel eine bestimmte Form haben. Jeder Hund verfolgt gerne auch mal ein Ziel, das ihn an etwas erinnert, was mit der Situation gar nichts zu tun haben muss:

- … der Stock, mit dem er mal geschlagen wurde
- … die Leckerchendose
- … ein Wassernapf
- … ein Mann mit Hut, der demjenigen ähnelt, der ihm vor vier Jahren mal was Leckeres gegeben hat
- … ein Hund, der einem Böswicht ähnelt, mit dem er mal Ärger hatte.

Akustische Ziele

Bei den akustischen Zielen sehe ich da allerdings schwarz. Ihr hört ja nichts. Naja, gar nichts ist jetzt übertrieben, aber im Vergleich zu uns seid Ihr quasi taub. Das glaubt Ihr nicht? Na, das wird sich gleich ändern!

Gerade bei hohen Tönen sind wir Euch absolut überlegen. Selbst, wenn Ihr diese Töne noch wahrnehmen könnt, so braucht ein solcher Ton das Tausendfache an Schallenergie, um von Euch wahrgenommen zu werden.[2]

Dreht doch einfach mal Eure Stereoanlage auf »Eins« und sucht Euch ein Stück aus, das Ihr noch so gerade eben hören könnt. Kleiner Tipp: Das Stück sollte möglichst viele Bässe haben. Hört Ihr noch etwas? Gut. Jetzt schaltet die Anlage aus, dreht die Lautstärke auf »Einhundert« – »Eintausend« kann sie ja nicht – und schaltet wieder ein. Oh, Entschuldigung. Sagt Eurem Ohrenarzt bitte nicht, dass ich das war.

Dazu kommt, dass wir sehr viel exakter wahrnehmen, woher ein Geräusch genau kommt …

[2] siehe Brigitte Rauth-Widmann; *DIE SINNE DES HUNDES*; Cadmos-Verlag; Kapitel »Ohren, die das Gras wachsen hören«.

Habt Ihr schon mal aus einer Entfernung von 50 Metern zugehört, wie eine Maus durch das Gras läuft? Ich aber! Und ich kann Euch auch auf weniger als einen Meter genau sagen, wo sie herläuft und in welche Richtung. Das ist für mich ungefähr so schwer, wie für Euch Zeitung lesen.[3]

Interessantes

Viele Geräusche wecken unser Interesse. Das ist doch kein Wunder, wenn man bedenkt, wie viel mehr wir wahrnehmen, als Ihr das tut. Und wenn etwas besonders interessant ist, dann wollen wir nur allzu gern mal nachsehen

Bedrohliches

Empfangen wir ein bedenkliches Geräusch, gibt es zwei Möglichkeiten. Entweder wir wollen uns das genauer ansehen – also hin! Oder wir wollen uns lieber mal fix aus dem Staub machen – also nichts wie weg!

[3] siehe Brigitte Rauth-Widmann; *Die Sinne des Hundes;* Cadmos-Verlag; Kapitel »Ohren, die das Gras wachsen hören«.

Das Ergebnis ist immer das Gleiche: Ihr seid einfach zu langsam und wir müssen Euch abschleppen.

Geruchsziele

Jetzt wird es aber erst richtig interessant. Denn wir können nicht nur sehr gut riechen, also Gerüche wahrnehmen. Wir können sie auch super unterscheiden und ganz genau erkennen, »wie alt« diese Gerüche sind und von »was« oder (wenn wir denjenigen kennen) sogar von wem sie stammen.

Dazu brauchen wir ungefähr 40 % unserer gesamten Hirnleistung und Ihr könnt Euch vielleicht vorstellen, wie anstrengend das Riechen für uns ist. Damit wir in der Lage und vor allem auch motiviert genug sind, diese Leistung auch zu nutzen, hat die Natur einen kleinen Trick eingebaut. Gerüche sind für uns Hunde nicht nur sehr wichtig, sondern auch sehr oft mit starken Emotionen verbunden. Das liegt daran, dass wir über eine Art »Datenautobahn« in unserem Gehirn verfügen, die ohne Umwege von unserem Riechzentrum ins Emotionszentrum führt. So kann es sein, dass ein bestimmter Duft – und der muss nun gar nichts mit Sexualität zu tun haben – direkt und umgehend bestimmte Gefühle wie panische Angst, totales Wohlbefinden oder einfach nur große Aufregung auslöst.

Geruchsgedächtnis

Dazu kommt, dass wir uns Gerüche aber sowas von gut und lange merken können! Besonders solche, die entweder irgendwann einmal mit starken Gefühlen verbunden auftraten oder solche, die wir in unserer Kindheit schon wahrgenommen haben.

Ein Hund kann sich an einen Geruch über viele Jahre erinnern, auch wenn er ihn in seinem Leben nur ein einziges Mal und sehr kurz wahrgenommen hat. Er muss diesen Geruch lediglich einmal als »wichtig« und »bedeutungsvoll« empfunden haben.[4]

---

[4] siehe Brigitte Rauth-Widmann; *Die Sinne des Hundes*; Cadmos-Verlag; Kapitel »Eine Welt voller Düfte«.

Erfolgsprinzip

Jeder Hund, egal welcher Rasse er angehört, wie alt er ist oder ob es sich um Männchen oder Weibchen handelt, geht nach der einen, für ihn unumstößlichen Devise vor:

Was mich weiterbringt, wiederhole ich – was mich nicht weiterbringt, lasse ich!

Genau dieses Prinzip sorgt dafür, dass Dein Hund an der Leine zieht!

Abertausende kleine Erfolge

Ein ganz normaler Durchschnittshund, der nicht nach meiner Bertie-Methode geführt wird, hat auf jedem noch so kleinen Spaziergang locker einhundert Erfolgserlebnisse durch das Ziehen an der Leine. Das macht im Monat – sagen wir mal bei fünf Spaziergängen am Tag – schon schlappe fünfzehntausend tolle Erfolge. Aufs Jahr gerechnet sind das mal eben fast zweihunderttausend! Gegen diese imposante Erfolgsquote ist alles andere, was Euer kleiner Liebling sonst noch so ausprobiert und lernt, schon fast deprimierend.

Was bedeutet Erfolg?

Ich weiß, das glaubt Ihr mir nicht. Ihr haltet mich in diesem Moment bestimmt für einen kleinen dummen Terrier, der mal ein bisschen auf den Putz hauen möchte. Das kann ich Euch nicht verübeln und deshalb sollte ich vielleicht erst einmal erklären, was für mich und meine Kollegen »Erfolg« bedeutet.

Was ist das Ziel?

Wenn wir mal all das, was ich Euch bis jetzt erzählt habe, in Kurzform bringen, dann versucht jeder Hund, sein nächstes Ziel möglichst schnell zu erreichen. Das tut Ihr schließlich auch, wenn Ihr versucht, von A nach B zu kommen. Es sei denn Ihr fahrt, fliegt oder lauft einfach nur spazieren, aber das scheidet für uns Hunde ja aus.

Leben im Hier und Jetzt

Wir Hunde haben ein etwas anderes Verständnis von Erfolg als Ihr Menschen, beziehungsweise als Ihr zu haben glaubt. Das liegt daran, dass wir viel kürzer und schneller denken und handeln als Ihr und dass wir viel weniger weitsichtig und überlegen vorgehen können, als Ihr das tut.

Erfolge während des Spaziergangs

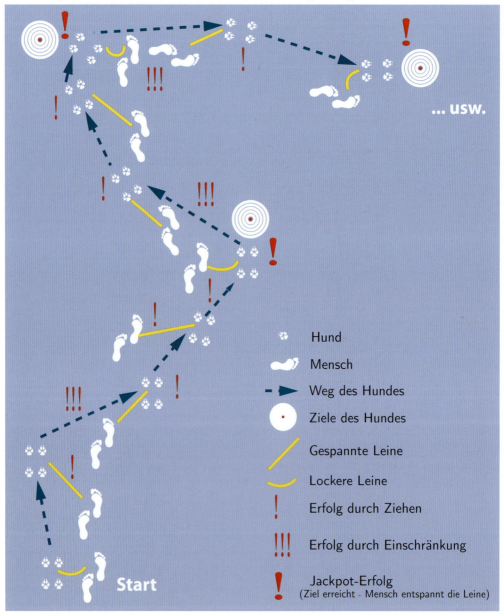

Euer Hund zieht an der Leine aufgrund von Tausenden von Erfolgen. Kleine Erfolge, weil er sich seinen Zielen nähert. Große Erfolge, weil er es schafft, Euren Weg zu kreuzen. Riesenerfolge, weil er seine Ziele erreicht und Ihr dafür sorgt, dass sich die Leine wieder entspannt.

Unsere Bedürfnisse befriedigen wir im »Hier und Jetzt« – und zwar sofort.

Wenn Meiner ein Bier aus dem Kasten nimmt und sieht, dass nur noch zwei Biere da sind, dann weiß er, dass er Neues kaufen muss, damit er am nächsten Tag nicht verdurstet. Ich belaste mich nicht mit solchen Zukunftsängsten. Wenn ich ein Hüngerchen verspüre und etwas Essbares finde, dann putze ich es weg. Ob ich morgen auch noch etwas bekomme, kümmert mich dabei einen Dreck. Einteilen ist etwas für Menschen – wir Hunde ticken anders!

Worin bestehen unsere Erfolge?

Wenn wir ein Ziel vor Augen, in der Nase oder auf den Ohren haben, dann wollen wir also möglichst schnell und auf direktem Wege dorthin gelangen. Erreichen wir dieses Ziel, haben wir unsere kleine Mission erst einmal erfolgreich beendet und verbuchen die dazu nötigen Handlungen auf unserem Erfolgskonto als probate Mittel. Punkt!

Wenn Ihr jetzt aber denkt, das wäre schon alles, habt Ihr Euch leider mal wieder getäuscht und schon wieder nicht bedacht, dass wir im Hier und Jetzt leben.

Auch und gerade kleine Erfolge werden verbucht

Denn schon jeder noch so kleine Schritt, der dazu führt, dass wir uns unserem Ziel nähern, wird als Erfolg verbucht. Dass wir dieses Ziel trotzdem schlussendlich nicht erreichen, spielt dabei eine untergeordnete Rolle. Vielmehr nehmen wir diesen Umstand gar nicht wahr. Das liegt daran, dass wir nur direkte Erfahrungen verbuchen können, weil wir nicht in der Lage sind, abstrakt zu denken und zu planen. Aber das erkläre ich Euch später noch genauer.

Nur nochmal zur Erinnerung: Wir können nicht so weit kombinieren wie Ihr. Wir probieren etwas aus und kommen dem Ziel näher oder nicht. Und verbuchen die gezeigte Handlung erst einmal entsprechend.

Zauberwürfelprinzip

Könnt Ihr Euch noch an den Zauberwürfel erinnern? Der hat aus vielen von Euch Menschen quasi Hunde gemacht – wenn man das Erfolgsprinzip berücksichtigt. Wie oft habt Ihr an dem Ding gedreht? Ah, ja. Habt Ihr ihn ohne vorgegebenen Lösungsweg fertig bekommen? Wohl kaum. Aber Ihr habt es immer wieder probiert. Und Ihr wart froh und stolz, wenn Ihr dann tatsächlich mal auf einer Seite die gleiche Farbe hattet. Auch wenn später, durch den Versuch das auf einer zweiten Seite auch hinzukriegen, die erste wieder zerstört wurde.

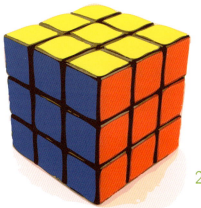

Ziehen um des Erfolges willen

Uns Hunden geht es da ganz ähnlich, mit dem kleinen Unterschied, dass wir unsere Zauberwürfelseite schon viel schneller fertig bekommen als Ihr. Für uns bedeutet jeder kleine Schritt, den wir uns unserem – aus Eurer Sicht meist imaginären – Ziel nähern, quasi eine fertige Seite. Aber, es kommt noch ein größerer Unterschied hinzu: Jede einzelne fertige Seite überzeugt uns, das Richtige zu tun. Auch wenn wir den Würfel nie fertig kriegen. Natürlich versuchen wir es immer wieder und jede einzelne fertige Seite überzeugt uns mehr und mehr davon, dass wir nach dem richtigen Muster vorgehen.

Kleine und große Erfolge

Hinzu kommt, dass wir es so manches Mal ja doch schaffen, unser Ziel zu erreichen. Etwa weil wir Euch überrascht haben oder weil wir unsere ganze Kraft eingesetzt haben. Oder weil Ihr Euch einfach gesagt habt: »Na, dann lass ich ihn eben mal schnuppern.«

Diese vielen kleinen und großen Erfolge überzeugen uns schlussendlich, dass wir das Richtige tun.

Fehlende Alternativen

Vor allem, weil Ihr uns keine überzeugenden Alternativen anbietet. Woher sollen wir schließlich wissen, dass wir unsere Ziele auch anders erreichen könnten? Ihr sagt es uns ja nicht.

Wie bitte? Ach, Ihr habt es Eurem Hund schon tausendmal gesagt? Tja, dann ...

Mangelnde Kommunikation

Dann liegt wohl ein Kommunikationsproblem vor. Das kenne ich als erfahrener, kleiner Terrier nur allzu gut. Meiner will mir auch immer alles Mögliche sagen, aber ihm fehlen einfach die richtigen Worte. Worte? Oh ja, genau da liegt das Problem. Wir können Worte leider nur dann »verstehen«, wenn wir ihre Bedeutung gelernt haben, schon vergessen? Oder noch nie gehört?

Hundesprache

Wir Hunde sprechen weder deutsch noch englisch oder sonstige Menschenworte. Das einzige, was wir uns daran merken können sind bestimmte Worte, die wir irgendwann als »für uns wichtig« herausgefiltert haben. Dabei macht Ihr uns das meist auch noch unnötig schwer, weil Ihr diese wichtigen Worte in absolut unzusammenhängendes, sinnloses Gequatsche packt.

Emotionen

Und in Gefühle – die wir übrigens sehr viel besser wahrnehmen und deuten können als die gut gemeinten Worte.

Wenn Meiner früher hinter mir hergehechelt kam, weil ich mal wieder eines meiner Ziele erreichen wollte, dann hat er auch immer irgendwas gebrabbelt. Ich habe dabei die Worte nicht verstanden, aber ich habe sofort bemerkt, wie aufgeregt er war. Da habe ich, als kluger Terrier, natürlich sofort verstanden und messerscharf geschlossen: »Na klar! Meiner findet diesen Baum auch sehr interessant! Also nichts wie hin!«

Denn mir war es egal, was er da redete, ich bemerkte lediglich seine Aufregung. Ob Meiner sagte: »Bertie, zieh nicht so! Verdammt! Langsam! Boa, ich hau dich gleich gegen die Wand!« oder »Bertie! Such die Quelle dieses Geruchs! Sei wachsam! Oh, ja! Ich bin auch gleich an dem Stamm!«, war mir doch egal. Ich hab ihn doch sowieso nicht verstanden.

Nur seine Aufregung, die hab ich bemerkt. Und sofort gewusst, dass er damit »Ja, Bertie! Lauf schneller!« sagen wollte. Das traf sich doch gut. Schließlich wollte ich doch auch zu diesem Baum, wo eine Menge wichtiger Informationen auf uns warteten. Und …

… ICH WOLLTE NATÜRLICH UNBEDINGT VOR IHM DORT SEIN!

Stress

Dieser gemeinsame Wille, dorthin zu gelangen, erregte mich jedesmal, das könnt Ihr mir glauben. Je mehr er mich anfeuerte, verrückte Sachen unternahm, um schneller als ich zu sein und je weiter er mich verfolgte und damit drohte, mich zu überholen, desto mehr Adrenalin schoss in meine Adern. Und dann noch dieses blöde Halsband, das mir dauernd die Luft abschnürte. Da musste ich natürlich noch mehr ziehen, sonst hörte das ja nie auf!

Extrabelohnung

Erst wenn ich an meinem Ziel angekommen war, dann ließ der Druck auf meinen Adamsapfel jedesmal wohltuend nach, weil Meiner ja dann endlich auch an unserem gemeinsamen Ziel angekommen war und endlich dafür sorgte, dass sich die Leine endlich wieder entspannte. Diese Entspannung erfuhr ich also immer dann, wenn ich mein Ziel erreicht hatte. Quasi als zusätzliche Belohnung. Gerade das bestärkte mich immer weiter in meinem Handeln.

ICH ZOG ALSO IMMER FESTER ZU MEINEN ZIELEN, WEIL ICH GENAU WUSSTE, DASS ES MIR DORT BESSER GEHEN WÜRDE ALS AUF DEM WEG DORTHIN.

Wehe, hier ruckt wer an der Leine …

Bisherige Gegenmaßnahmen

Na, was habt »Ihr« denn schon alles ausprobiert? Seid Ihr schon beim Stachel- oder Lederwürger angekommen oder versucht Ihr es noch mit dem normalen Leinenruck? Bevor ich Euch jetzt bald dann endlich sage, wie Ihr Eurem Hund das Ziehen abgewöhnt, möchte ich Euch doch vorher lieber doch noch mal eben erzählen, wie es denn nicht geht und vor allem, warum nicht.

Der Leinenruck

Nun, da klar ist, dass wir nach dem Erfolgsprinzip handeln und Ziele verfolgen, dürfte eigentlich auch jedem klar sein, warum das mit dem Leinenruck nicht klappen kann. Aber, ich will es Euch gern nochmal verdeutlichen, damit Ihr diesen Unsinn schon einmal lasst.

Der Leinenruck aus Eurer Sicht
Wir ziehen an der Leine, was für Euch unangenehm ist. Daraufhin ruckt Ihr heftig an der Leine, um uns für das Ziehen zu bestrafen. Wir sollen durch den plötzlichen Ruck merken, dass wir das Falsche tun.

Der Leinenruck in kleinen Teilen
Was passiert beim Leinenruck genau? Wir sorgen dafür, dass die Leine gespannt ist, was Euch alsbald auf den Wecker geht.

Balu läuft mit Meinem über die Wiese.

Ziel erfasst! Balu läuft schon etwas schneller.

Jetzt spannt sich die Leine.

Nach einer Weile des Ziehens habt Ihr dann die Nase voll und ruckt an der Leine. Um den Leinenruck ausführen zu können, müsst Ihr allerdings mit Eurer Hand beziehungsweise Eurem Arm etwas ausholen, damit es auch ein Ruck werden kann. Dazu führt Ihr Euren Arm kurz nach vorn, um ihn im nächsten Moment dann ruckartig nach hinten zu reißen.

Der Leinenruck aus unserer Sicht

Die Leine ist gespannt. Das ist nicht besonders angenehm, aber immer noch besser als das, was folgt, wenn die Leine sich entspannt. Hääh?

Tja, versetzt Euch mal in unsere Lage. Wir wissen schließlich nicht, dass Ihr zu schwach seid, um den Leinenruck direkt umzusetzen. Wir merken nur eins: Bevor dieser Ruck kommt, verschwindet für einen Bruchteil einer Sekunde der Druck von unserem Hals, um dann viel heftiger als vorher wieder einzusetzen. Folglich setzen wir alles daran, dass die Leine gespannt bleibt, damit sich dieser Ruck nicht wiederholt. Die Folge ist, dass wir nach jedem Ruck zwar evtl. für kurze Zeit ein wenig inne halten, aber unser Ziel irgendwann ja auch wieder weiter verfolgen wollen. Je nachdem, wie »toll« dieses Ziel ist und wie gestresst wir schon sind (dazu später noch mehr), wird sich die Leine wieder spannen, weil das Ziel wieder lockt und wir dieser Versuchung nachgehen. Ist die Leine dann endlich wieder gespannt, ziehen wir noch heftiger als vorher, weil ...

1 ... wir mit dem Mute der Verzweiflung endlich unser Ziel erreichen wollen.

2 ... uns unsere bisherigen Erfahrungen (überwiegende Erfolge) in dem Wissen bestärken, dass wir nur so an unser Ziel gelangen.

Balu kommt durch Ziehen seinem Ziel Schritt für Schritt näher.

Balu wird an der gespannten Leine zurück gezogen.
Er stemmt sich gegen das Zurückziehen. Im Übrigen wirkt die Geste, die durch das Hochziehen entsteht (Hund wirkt größer) für evtl. entgegenkommende Hunde sehr bedrohlich!

3 ... wir unbedingt verhindern wollen, dass sich die Leine wieder entspannt, weil wir wissen, dass darauf der Ruck erfolgt.

4 ... weil wir – durch den Druck auf unserem Hals und die freudige Erwartung auf das Ziel – schon so viel Stresshormone (u.a.: Adrenalin, Noradrenalin, Testosteron, Cortisol, ...) aufgebaut haben, dass wir im Prinzip gar nicht anders könnten, selbst wenn wir wollten.

Der erfolgreiche Leinenruck

Wenn Ihr mit Eurem Ruck erfolgreich sein wolltet, müsste dieser ganz anders ablaufen: Und zwar ...

1 ... müsste es sofort rucken, wenn sich die Leine spannt. Und zwar immer.

2 ... müsste dieser Ruck jeweils so heftig sein, dass Ihr Verletzungen unseres Kehlkopfes und unserer Halswirbelsäule nicht nur in Kauf nehmt, sondern absichtlich versucht diese herbeizuführen, damit dieses Erlebnis schmerzhaft genug ist, um uns von unserem Ziel abzubringen.

3 ... müsste der Ruck jeweils ohne Anlauf erfolgen, damit sich die Leine vor dem Ruck nicht entspannt.

Dann, und nur dann, funktioniert der Leinenruck und Euer Hund wird das Ziehen einstellen. Entweder weil er aus Angst vor dem Schmerz peinlichst darauf achtet, die Leine entspannt zu halten oder weil er querschnittgelähmt ist und somit gar nicht mehr laufen kann.

Wenn Ihr das ausprobieren wollt, dann wünsche ich Euch viel Erfolg und verabschiede mich an dieser Stelle.

Der Ruck ist beendet. Aber Balu hat sich keinen Zentimeter zurück bewegt. Meiner hat dafür gesorgt, dass die Leine wieder locker hängt. Balu musste nichts dafür tun.

Und schon geht´s weiter: »Was soll der Scheiß?! Ich muss dahin!«

Die verschiedenen Erziehungshilfen

Da hält der Leckerchenladen Eures Vertrauens so einiges bereit. Der Ordnung halber fangen wir mal mit dem Billigsten an und hören beim Teuersten auf, ohne dass diese Reihenfolge einen Anspruch auf Wertigkeit hätte.

Würgehalsbänder mit und ohne Stopp
Ketten-, Stachel-, Leder-, Nylonwürger, Moxon®- bzw. Retrieverleinen, Agilityleinen

Stachelwürger (Auch Stachelhalsung oder Korallenhalsband genannt).

Sie sollen dafür sorgen, dass das Ziehen für uns noch unangenehmer wird, als es ohnehin schon ist. Diesem Umstand tragen alle Würger mehr oder weniger stark Rechnung, indem sie sich immer weiter zuziehen, je heftiger wir an der Leine ziehen. Das erkennen wir natürlich sofort und unterlassen das Ziehen, weil wir so weit- und umsichtig sind und vor allen Dingen überaus gut kombinieren können. Nee! Is klar ...

Würgehalsband ohne Stopp (hier aus Leder).

Neues Spiel, neues Glück! Balu duckt sich schon mal tiefer auf den Boden. So hat er mehr Grip!

Wieder schafft er es, Meinen mindestens einen Meter abzuschleppen. Und noch einen Meter! Meiner leitet die Bremsung ein.

Er stoppt Balu wieder ...

Würgeleine (gerne auch als Agility- oder Retrieverleine bezeichnet).

Falls diese Würger über einen Stopp verfügen, also eine Art Schadensbegrenzung, dann hat Euer Hund ja noch mal Glück gehabt. Gesetzt den Fall, dass Ihr das Ding so groß gekauft habt, dass der Stopp schon dann wirkt, wenn das Würgehalsband beginnt sich um den Hals zu schnüren. Meistens werden aber die etwas kleineren Größen bevorzugt ...

Spezielle Geschirre mit dünnen Leinen unter den Achseln bzw. einem Zugmechanismus auf das Brustbein
Ja, das ist ja human. Da haben wir keine Schmerzen. Nein, das merken wir doch gar nicht. Schließlich üben diese Gerätschaften doch lediglich einen punktuellen Druck auf unser Lymphgewebe im Brust- und Achselbereich aus. Das tut nicht weh.

Probiert es doch mal aus: Nehmt mal Eure rechte Hand und drückt – gar nicht feste – für eine Minute mit den Fingerspitzen auf den Bereich zwischen Eurer linken Achsel und Euren Rippen. Tut gut, oder? Und gesundheitlich ist das auch völlig unbedenklich, denn durch diese Lymphbahnen, wird ja nur der Abfall aus unserm Kopf-, Hals- und Schulterbereich abtransportiert. Sie sind also absolut nicht wichtig. Ich fass es nicht!

... und führt seinen Arm nach vorne, damit er fester rucken kann. Seht Ihr, wie die Leine jetzt durchhängt?

Ah! Jetzt bereitet Meiner einen tollen Ruck vor. Das wirkt bestimmt!

Rumms!

Was der Ferro da trägt, ist ein sogenanntes Gentle Dog®. Allgemein auch als Erziehungsgeschirr bezeichnet. Der Begriff »Foltergeschirr« wäre wohl passender.

Kopfhalfter (Umgangssprachlich: »Halti®«)
Naja. Manchmal geht es tatsächlich nicht ohne. Nämlich dann, wenn 40 kg Mensch gegen 60 kg Hund antreten. Aber der Umgang mit einem Kopfhalfter will gelernt sein und verlangt größte Sorgfalt und Umsicht vom Benutzer. Denn auch hier sind die Verletzungsgefahren für uns sehr hoch. Es darf nie ruckartig geführt werden, muss nach überstandener Situation sofort wieder locker sein und Ihr müsst genau wissen, was Ihr wann tun oder lassen müsst.

Einen Glasschneider kann man auch für wenig Geld in einem Baumarkt kaufen. Aber würdet Ihr Euch trauen, damit eine Katzenklappe in Eurer Terrassentüre zu schneiden? Ach nee, da hättet Ihr wohl Angst, etwas kaputt zu machen …

Schäferhundeführerfraktion und Hersteller von Kopfhaltern teilen sich übrigens gern das Märchen, dass diese Geräte

Ha! Der hat gesessen!

Und den Arm noch höher, das nimmt Balu jede Traktion. Gut durchgezogen!

Leine entspannt! Balu ist sichtlich beeindruckt von dem Ruck und beschwichtigt Meinen.

den sogenannten Schnauzgriff simulieren würden. Dass viele von Euch so einen Quatsch glauben, zeigt mir nur wieder, was für überaus schlechte Beobachter Ihr seid. Wenn ein Hund seinen weit geöffneten Fang drohend über die (geschlossene) Schnauze seines (rangniedrigeren) Rudelmitglieds hält, dann berührt er diese Schnauze niemals! Denn der »Schnauzgriff« ist eine Drohung und kein Angriff. Seine Bedeutung ist mit einem Zurechtweisen gleichzusetzen und wird mit der Absicht ausgeführt, einen Ernstkampf zu verhindern. Wenn der »Obere« aber mit seinen Zähnen die Schnauze des »Unteren« berührt, dann gibt es Hackebacke, da könnt Ihr Euren linken Arm drauf verwetten.

Würde Euer Hund also, das angelegte Halti® selbst schon als Schnauzgriff interpretieren, müsste er sich genau genommen schon daraufhin sofort auf den Rücken legen, um Euch seine Unterwürfigkeit zu demonstrieren. Und jeden Zug am Halti® würde er mit einem Kampf quittieren, weil in diesem Moment aus der Drohung ein ebensolcher entstehen würde.

Kopfhalfter (im Allgemeinen auch als Halti® bezeichnet)

Aber zwei Meter weiter ist alles wieder beim Alten. Balu verfolgt sein Ziel noch vehementer als zuvor.

Diesmal hat Meiner aber aufgepasst und stoppt ihn auf der Stelle.

Balus Vorderbeine sind schon wieder in der Luft. Unterdessen bereitet Meiner seinen nächsten Ruck vor.

Der arme Dillon trägt eine Maulschlaufe, die immer noch gerne als Maulkorbersatz hergenommen wird. Hecheln und Trinken sind mit diesem Gerät nahezu unmöglich. Keine Angst: Nach dem Foto haben wir ihm das Ding sofort wieder abgenommen. Ich danke Dir für Deine Geduld, lieber Dillon.

Sprühhalsband und Elektroschocker

Oh, oh ... jetzt müsste ich Euch eigentlich mal ganz genau erklären, wie und was wir Hunde so alles verknüpfen. Und wie fest das dann so alles in unsere Großhirnrinde eingebrannt wird. Aber das würde hier nun viel zu lange dauern. Deshalb nur so viel: Ein Elektroschockhalsband ist lediglich tierschutzrechtlich bedenklich, weil es in Deutschland üblich ist, dass auch bei wichtigen Gesetzen und Verordnungen Lobbyisten wie zum Beispiel Jäger und andere wichtige Menschen ihren Senf dazu geben. Und, weil es noch viel schlimmere »Werkzeuge« in der Nutztierhaltung gibt, die dann halt auch in Frage gestellt werden würden. Dazu sag ich jetzt mal nichts, ich bin schließlich nur ein kleiner Terrier und

Die Leine ist jetzt wieder locker, weil Meiner seinen Arm nach vorn führt, um stärker rucken zu können.

Und da ist der Ruck! Trotz des Geschirrs schnappt der arme Balu deutlich nach Luft.

Er will nur noch weg von diesem Grobian.

es steht mir nicht zu, mich in Eure Politik einzumischen.

Aber so ein Sprühhalsband, da passiert doch nichts bei! Pffft. Kann doch nicht so schlimm sein. Tja, weh tut das nicht. Aber, Panik macht es schon. Und Ihr könnt absolut nicht wissen, womit Euer Hund den Sprühstoß verknüpft. Ihr meint das Ziehen, klar. Aber kommt er auch darauf? Und wenn, läuft er dann freudig und entspannt neben Euch her? Und woher wisst Ihr eigentlich, wann Ihr genau da drauf drücken müsst? Na, klar. Das ist schließlich genauso einfach, wie bei einem Geldspielautomaten den Joker im mittleren Feld anzuhalten. Das schafft Ihr doch mit links, oder?

All diese nützlichen Dinge
Es steht Euch natürlich frei, all diese Folterinstrumente auszuprobieren. Schließlich haben die Hexen im Mittelalter auch immer alles zugegeben – von wegen unschuldig, dass ich nicht lache. Aber glaubt mir bitte: Keines dieser Dinger wird Euch helfen, Euer Problem zu lösen!

Fakt ist, dass all diese Dinger (mit Ausnahme des Kopfhalfters, wenn Ihr darin geschult wurdet, es richtig zu benutzen) uns unnötig wehtun und lediglich Eurer Verzweiflung und Hilflosigkeit Ausdruck verleihen. Oder Eurer Faulheit. Denn ohne Üben geht es auch mit meiner Methode nicht.

Armer Balu! Ich entschuldige mich nochmals ausdrücklich bei Dir!

Aber Dein Einsatz soll nicht umsonst gewesen sein. Ich bin mir sicher, dass wir durch diese Bilder vielen unserer Kollegen diese dämliche Ruckerei ersparen werden! Sie bringt absolut nichts und tut nur weh! Das haben jetzt hoffentlich alle verstanden ...

So spricht der Hund

Wie sagt ein Hund einem anderen, dass dieser zum Beispiel stehen bleiben soll? Indem er ihm auf die Schulter klopft und freundlich bellt? Oder indem er hinter ihm herbellt oder knurrt? Oder vielleicht jault oder winselt? Nein? Ja, wie denn dann?

Wenn Ihr jetzt nicht sofort auf die Antwort kommt, möchte ich bitte, dass Ihr dieses Buch zuklappt und erst einmal zur nächsten Hundewiese begebt. Und dort schaut Ihr einfach mal den Hunden beim Spielen zu. Und wenn Ihr das gemacht habt, dann dürft Ihr gerne weiterlesen ...

Überholen, einschränken, stellen – das spielen schon die Welpen bis zum Umfallen

Kontrolle durch Einschränkung

Ah, jetzt wisst Ihr es wohl? Na, gut. Dann analysieren wir diesen Vorgang doch mal etwas genauer, indem wir Akki und Bobby beim Spielen zuschauen.

Akki will Bobby stoppen. Was muss er dazu machen? Richtig! Er muss ihn erst einmal überholen. Oder er muss sich an einer exponierten Stelle postieren, aber das lassen wir erst einmal außer Acht. Akki rennt also an Bobby vorbei und stellt sich mit seiner Breitseite vor ihn hin.

Jetzt habt Ihr auf der Hundewiese ja so einige solcher Manöver beobachten können. Und? Waren die immer alle erfolgreich?

Ja?   Dann gleich nochmal ab auf die Hundewiese!
Nein?   O.K. Dann könnt Ihr weiterlesen.

Aber wovon ist es abhängig, ob das Manöver klappt? Etwa davon, ob Akki älter ist als Bobby? Oder davon, wer der Größere von beiden ist?

Ja?   Dann gleich nochmal ab auf die Hundewiese!
Nein?   O.K. Dann könnt Ihr weiterlesen.

Das ist schon sehr verwunderlich, wer da in der Lage ist, wen zu stoppen, oder? Und ist Euch auch aufgefallen, dass die von Euch vorher so oft beobachteten Ringkämpfe immer erst nach diesem »Stellen eines Gegners« entstehen? Seltsam oder?

Ihr habt doch bestimmt schon Hunderte solcher »Rangeleien« gesehen, aber nie darauf geachtet, wie diese eigentlich zustande kommen. Schlimmer noch: Ihr habt immer angenommen, dass diese »Kämpfe« das eigentliche Spiel darstellen. Tja, da kann man mal sehen, wie wenig Ihr über uns wisst bzw. wie viel Falsches Ihr über uns zu wissen glaubt.

Die kleine Luna stoppt hier den schnelleren und größeren, aber sichtlich beeindruckten Sammy. Im direkten Vergleich hätte sie bestimmt keine Chance gehabt. Ihr geschicktes Stellungsspiel hat ihr den Erfolg beschert. Gratuliere, Luna! Ein klarer Punkt für Dich.

Also, jetzt mal schön der Reihe nach ...

Was passiert da überhaupt?
Im Grunde ist es ganz einfach. Zwei oder noch mehr Hunde fetzen über die Wiese. Einer rennt vorweg und der oder die anderen versuchen ihn einzuholen. Das nennt Ihr wohl »fangen spielen«.

Aber ganz so einfach, wie es aussieht, ist es nicht. Ziel dieses Spiels ist es nämlich nicht, den anderen nur einzuholen, das wäre ja einfach. Nein, nein, gewonnen hat der, der den anderen so verfolgt beziehungsweise überholt, dass dieser einen bestimmten Weg einschlagen muss.

Bleiben wir nochmal bei Akki und Bobby. Bobby rennt vor Akki davon, Akki verfolgt Bobby. Nun gilt es für Akki, den Bobby durch die Verfolgung so zu dirigieren, dass dieser genau dahin läuft, wo Akki ihn haben will. Der Höhepunkt der Verfolgungsjagd ist es dann, wenn Akki es schafft, Bobby durch geschicktes Stellungsspiel am Weiterlaufen zu hindern.

Der Witz an der Geschichte ist, dass Bobby das dann tatsächlich auch nicht mehr tut. Er könnte sich ja ganz einfach umdrehen und weiterrennen. Aber in den meisten Fällen passiert genau das nicht. Denn Akki hat den ersten Part schon mal klar für sich entschieden. Es steht in jedem Fall 1:0 für ihn. Was dann passiert, hängt von ganz vielen Faktoren ab und ist auch für uns jetzt gar nicht so wichtig. Denn ich möchte auf eine ganz bestimmte Situation heraus: Akki hat Bobby gestellt und kostet seinen Triumph noch eine kleine Weile aus. Und dann dreht Bobby sich langsam um und wandert von Akki weg. Dabei schnüffelt er und vielleicht pinkelt er sogar auf eine ganz bestimmte Art und Weise, etwas von Bobby entfernt, eine große Pfütze in die Wiese.

Die Sache mit der Rangordnung

Eigentlich dürfte ich dieses Thema ja gar nicht anschneiden, weil die Schäferhundeführerfraktion jetzt wieder das Lied von der Dominanz ihrer Hunde anstimmen wird, aber das ist mir egal. Sollen sie doch weiter so ein dummes Zeug erzählen.

Ein Punkt: was heißt das schon?

In meinem kleinen Beispiel hat Akki im internen Rangordnungsspiel mit Bobby einen klaren Punkt erzielt. Das heißt viel und auch wieder gar nichts. Ganz davon abgesehen, dass wir gar nichts über Bobby und Akki wissen. Wenn die beiden nämlich gar nicht zusammen leben, sondern sich nur ab und zu auf der Wiese treffen, von mir aus sogar jeden Tag, dann kann sich zwischen diesen beiden gar keine feste Rangordnung bilden. Allenfalls eine grobe Tendenz, wie sie miteinander umgehen.

Rangordnung gibt es nur in einem Rudel

Eine echte Rangordnung entwickelt sich nur in einem Rudel, also in einem festen Familienverbund gleichartiger Individuen. Sie dient im Prinzip dazu, unnötige Streitigkeiten zu vermeiden und gibt jedem einzelnen Mitglied des Rudels größtmögliche Handlungssicherheit im Umgang mit den anderen Rudelmitgliedern. Die Rangordnung innerhalb eines Rudels ist aber kein statisches Bollwerk, die für alle und jede erdenkliche Situation gilt. Vielmehr liefert sie ein grobes Raster für den alltäglichen Umgang miteinander.

Bei Euch und Eurem Hund ist das noch ein wenig anders. Ihr lebt in einem gemischten Rudel. Auch in einer Sozialpartnerschaft gibt es eine Art Verhaltenskodex, also ein Raster für den alltäglichen Umgang. Dieses Raster unterscheidet sich aber nochmals und in vielen Punkten von der Rangordnung in einem Rudel, dessen Mitglieder nur einer Art angehören. Wenn ich Euch das jetzt so richtig erklären würde, dann würde dieses Buch nicht mehr in Euer Regal passen. Deshalb lasse ich das lieber sein, obwohl es mich schon reizen würde ...

Trotzdem ist es wichtig, dass Ihr versteht, wie dieses Raster für den alltäglichen Umgang in einem gemischten Rudel aussieht. Und deshalb möchte ich es mit einem Spiel vergleichen. Stellt Euch vor, Ihr spielt Tischtennis, und zwar in der Bundesliga. Alle, die in dieser Liga spielen, sind Mitglieder Eures Rudels. Um am Ende als Meister dazustehen, reicht es nicht, einen Punkt zu machen, einen Satz zu gewinnen oder ein ganzes Spiel. Sondern es gilt möglichst viele Punkte und damit Sätze und damit wieder Spiele zu gewinnen.

Was bedeutet schon ein Punkt in einem Tischtennisspiel? Eben! Er kann alles bedeuten und auch wieder gar nichts. Und nächste Woche kann schon wieder alles anders sein. Abgerechnet wird zum Schluss der Saison und derjenige, der letztes Jahr noch Meister war, kann in der nächsten Saison auch schon wieder auf den Abstiegsrängen landen.

Null zu Null: Noch ist alles offen.

Euer (all)täglicher Kampf um Punkte

Bei Eurem Zusammenleben geht es dummerweise nicht nur zu einem bestimmten Zeitpunkt um Punkte. Ihr könnt nicht sagen: »So, Samstag um 15 Uhr geht es um die Wurst!« Euer Spiel dauert 24 Stunden am Tag, sieben Tage die Woche! Und es hört nie auf. Allerdings könnt Ihr vom bis dato erworbenen Status immer wieder zehren, Euch aber nicht auf den berühmten Lorbeeren ausruhen. Trotzdem dürft Ihr ab und an Fehler machen. Hier und da einen Punkt verlieren, einen Satz dahin schenken, ja sogar ganze Spiele verloren geben. Wie viele Fehler Ihr Euch leisten könnt, das hängt ganz von Eurem »Gegner« ab. Da gibt es die, die jeden Fehler hart bestrafen und jede Schwäche sofort schamlos ausnutzen. Andere trauen sich das vielleicht gar nicht und wieder andere verzeihen und bleiben gelassen.

Die Junghündin Zoe schneidet ihrer nahezu gleichaltrigen Kollegin Cindy den Weg ab ...

... und versucht, sie zum Stehen zu bringen.

Zieht Eure Lehren

Wie es beim Tischtennis darum geht, seinen Gegner »lesen« zu können, so müsst auch Ihr immer wieder versuchen, aus Euren Fehlern zu lernen und den nächste Schritt Eures Mitspielers vorauszusehen.

Wenn einem Tischtennisspieler nach seinem Aufschlag immer wieder ein Schmetterball um die Ohren fliegt, so wird er seinen Aufschlag ändern, um einen weiteren Schmetterball zu vermeiden. Jeder Spieler versucht sein Spiel – im Rahmen seiner Möglichkeiten – immer so zu gestalten, dass sein Gegenüber nicht die Chance erhält, seine eigenen Stärken auszuspielen. So wird er z.B. versuchen, einem Gegner, der stark am Netz spielt, die Bälle möglichst an den Rand der Platte zu servieren.

Wir Hunde machen das übrigens ganz genauso. Wir analysieren Euer Verhalten ständig, indem wir Euch und Eure Reaktionen auf unsere Verhaltensweisen ganz genau beobachten. Wenn Ihr das auch so machen würdet, könntet Ihr mit Sicherheit viel mehr Punkte machen und auch viele unserer Punkte verhindern, ohne Euch großartig anstrengen zu müssen.

Um Euch zu verdeutlichen, was Ihr genau beobachten und später dann auch vorhersehen sollt, gehe ich doch gleich nochmal mit Euch zurück auf die Hundewiese ...

Doch Cindy nutzt ihren hervorragenden Antritt und die Restenergie aus ihrem schnellen Lauf ...

... und schafft es, Zoe wieder zu entkommen. Tja, liebe Zoe: Mal gewinnt man, mal verliert man. Den gerade noch hart erkämpften Punkt kannst Du gleich wieder abgeben!

Wer macht hier den Punkt?
Ha! Hier hat es die kleine Zoe aber geschafft! Der riesige Hannes war so sehr mit Cindy beschäftigt, dass er das geschickte Manöver von Zoe viel zu spät bemerkt hat. Die Körpersprache von Hannes zeigt ganz klar, dass er die Einschränkung akzeptiert und Zoe einen tollen Erfolg erzielt hat. Ich gratuliere Dir, kleine Zoe!

Wer stoppt wen und warum?

Im wilden Spiel werdet Ihr nur selten klar erkennen, wer da wen stoppt beziehungsweise dazu bringt, seinen Kurs zu ändern. Das geht natürlich auch alles ein wenig zu schnell für Euch. Aber bei so manchem Manöver werdet Ihr nach und nach erkennen, wer den Punkt macht und warum.

Wie steht es denn bei Euch?

Naja, und jetzt kommen wir dann mal zu dem Punkt, der Euch das Leben so schwer macht. Wie oft hat Euer kleiner Liebling denn schon Euren Laufweg gekreuzt? Wie oft musstet Ihr ihm schon ausweichen oder gar stehen bleiben, damit Ihr nicht über ihn fallt oder ihm auf die zarten Hundepfoten tretet? Ach Ihr habt nicht mitgezählt? Na, dann schätzt doch einfach mal!

Na gut, wollen wir diese Zahl mal einfach so hinnehmen, obwohl ich denke, dass Ihr sie ruhig nochmal mit zehn malnehmen könntet.

Und wie oft liegt Euch Euer kleiner Liebling in der Wohnung denn so im Weg herum, dass Ihr ...

- ... um ihn herumlaufen,
- ... über ihn drübersteigen,
- ... oder ihn wegschicken müsst?

Ah, ja.

Braver Hund?

Dämmert es langsam?

Jetzt, wo Ihr ja wisst, wie wichtig für Euren kleinen Kämpfer das Einschränken ist, sollte Euch so langsam, aber sicher aufgehen, wer da mit wem spazieren geht und warum das so ist. Da bin ich aber froh, dass Ihr noch mal die Kurve kriegen wollt. Bevor wir uns nun endlich an die Regeln und deren Umsetzung machen, muss ich Euch noch unbedingt zwei Dinge erklären. Erstens, weil ich es vorhin versprochen habe und zweitens, weil die so superwichtig sind ...

Haben Hunde ein abstraktes Denkvermögen?

Na, klar können wir Hunde kombinieren! Denkt doch nur mal an den Moment, wo Ihr in die Küche geht und die Leckerchendose öffnet. Spätestens zwei Sekunden danach steht oder sitzt alles, was mit Nachnamen Hund heißt, erwartungsvoll vor Euch und bekundet mit herzerweichendem Blick, dass der Hungertod kurz bevorsteht.

Tja, leider muss ich Euch da enttäuschen. Wir benutzen bei diesem Ablauf der Geschehnisse lediglich unsere äußerst scharfen Sinne und unsere Großhirnrinde. Dort speichern wir nämlich, genau wie alle Säugetiere – also auch Ihr – Erfahrungen bzw. Erlerntes ab und können bei Bedarf diese Erfahrungen abrufen. Wenn wir eins gelernt haben, dann ist es der Umstand, dass dieser Ablauf – Euer Gang in die Küche, Geräusch der Dose – unglaublich häufig zu einem Erfolgserlebnis führt.

Eure Verhaltensforscher nennen diesen Vorgang »klassische Konditionierung«. Anfangs erregt Ihr nur dann unsere Aufmerksamkeit, wenn Ihr mit dem Keks vor uns steht. Geht dem Keks aber immer wieder der gleiche Ablauf voraus (Ihr geht in die Küche und öffnet die Dose), dann läuft uns schon währenddessen das Wasser im Mund zusammen und wir begeben uns flugs zur vermuteten Nahrungsquelle.

Es handelt sich also nicht um überlegenes Kombinieren, sondern lediglich um genaues Beobachten, das in den allermeisten Fällen sogar unbewusst abläuft. Würdet Ihr eine andere Dose in einem anderen Raum – zum Beispiel im Schlafzimmer – bereitstellen, ohne dass wir um diesen Umstand wüssten, würde uns das zunächst völlig kalt lassen, wenn Ihr Euch dorthin begebt und diese Dose öffnet. Erst, wenn wir durch häufige Erfolge lernen, dass die neue Dose jetzt im Schlafzimmer steht, werden wir auch das abrufen können.

Fernsehlegenden

In Film und Fernsehen findet Ihr leider nur allzu viele Beispiele von äußerst intelligenten Hunden. Lassie, Huutsch, Beethoven, Rex und ihre Kollegen sind schon wirklich begabte Schauspieler. Aber sie sind genauso intelligent wie ich oder irgendein anderer Hund auf dieser Welt. Was Ihr in diesen Filmen seht, sind einstudierte, aneinander gereihte Tricks. Tolle Leistungen, das gebe ich durchaus zu. Aber eben doch nur einstudierte Verhaltensweisen.

Wenn zum Beispiel der Kommissar Rex mal wieder zum x-ten mal seinem Partner das Leben rettet, indem er zur Hintertür des Gebäudes läuft und dort eben diese öffnet, um dann über eine Treppe auf eine Empore zu gelangen, von wo er dann den Schurken hinterrücks überwältigen kann, dann ist das nichts anderes als harte Arbeit und Beschiss. Rex hat gelernt, auf ein Kommando aus dem Gebäude zu laufen. Dieses Kommando lautet »Hier« und selbst Euer kleiner Racker kann das mehr oder weniger gut ausführen. Dabei steht Rex' Trainer, für Euch und mich unsichtbar, hinter der Kamera. Das nächste Kommando bringt Rex dazu, zur besagten Tür zu laufen. Das könnte zum Beispiel auch ein »Hier« sein, oder ein »Voraus« oder ein erlerntes Kommando »Geh zur Tür«. Darauf folgt das Öffnen der Türe – auch dafür gibt es wieder ein Kommando – und so weiter. Alle diese einzelnen Einstellungen werden aufgenommen und später aneinander gereiht. Dabei müssen die einzelnen Einstellungen noch nicht einmal am gleichen Tag gedreht worden sein. Aber es kommt noch besser: Es können sogar verschiedene Hunde für die ganz speziellen Tricks benutzt werden. Kameraeinstellung, spätere Bearbeitung und eine gute Maskenbildnerin sorgen dafür, dass die Zuschauer im fertigen Film davon überhaupt nichts merken. Lassie wurde mit bis zu sieben verschiedenen Collies allein in einer Episode gedreht. Vier Hündinnen und drei Rüden. Und kein(e) einzige(r) davon hieß »Lassie«.

Meiner hat mir zum Beispiel beigebracht, in den Keller zu gehen und eine Dose Bier zu holen. Das war ein langer Weg, mit vielen Erfolgen und vielen Misserfolgen, bis ich das endlich konnte. Bis sich der Arbeitsaufwand, den er damit hatte – und ich natürlich auch – rechnet, müsste ich wahrscheinlich 50 Jahre alt werden und Meiner zum Alkoholiker. Die Handlung zu »Bertie: Geh und hol mir ein Bier« besteht aus vielen einzelnen Übungen und Trainings, die manchmal mit dem fertigen Kommando auf den ersten Blick überhaupt nichts zu tun zu haben scheinen.

Jetzt will ich Euch aber noch verraten, dass ich erst einmal total aufgeschmissen wäre, wenn Meiner mir mitten im Wald auftragen würde, ihm ein Bier zu holen. Ich würde vermutlich ein wenig herumschnüffeln und mich danach vor ihn hinsetzen, um ihn mit einem großen Fragezeichen auf der Stirn anzustarren. Denn der Ort passt nun mal gar nicht zu meinem Kommando. Wie soll ich denn hier in den Keller gehen? Welche Tür soll ich denn öffnen? Und wo bitte schön steht das Bier? Auf die Idee nach Hause zu gehen und dort das Kommando auszuführen, würde ich im Leben nicht kommen. Darauf gebe ich Euch mein großes Terrierehrenwort.

Sie hatten ein Bier bestellt?

Die Sache mit dem Stress

Bevor es jetzt zu kompliziert für Euch wird und Ihr keine Lust mehr habt, weiter zu lesen, mache ich es lieber so kurz wie möglich. Aber ein bisschen ausholen muss ich schon, auch wenn ich mich nach ein paar einführenden Erklärungen darauf beschränke, Euch lediglich von dem Stress zu erzählen, den ein ganz normaler Hund auf einem ganz normalen Spaziergang hat.

Was ist Stress?

Das Wort Stress kommt aus dem englischen und bedeutet »Druck«. Und das hat überhaupt nichts mit etwas Negativem zu tun. Stellt Euch einen Reifen vor. Er braucht einen gewissen Druck, um seine Funktion zu erfüllen. Hat er davon zu wenig, fährt zum Beispiel das Auto nicht richtig und er wird heiß, wenn Ihr zu lange und zu schnell damit fahrt. Habt Ihr zu viel Luft in den Reifen gepumpt, ist es aber auch wieder nicht gut. Der Reifen haftet nicht mehr so gut und kann ebenfalls heiß werden, was wiederum nochmals den Druck erhöht und den Reifen zum Platzen bringen kann. Das mit dem »zu viel Druck« solltet Ihr Euch schon mal merken, denn das brauchen wir gleich noch.

Bei einem Säugetier, also einem Menschen oder einem Hund, verhält es sich ganz ähnlich wie bei einem Reifen. Aber woher kommt unser Druck, Verzeihung, ich wollte sagen »Stress«? Nun, alles was so um uns herum und mit uns passiert, also alle Reize, die von außen oder innen auf uns einwirken, verursachen mehr oder weniger starken Stress. Eine gewisse Dosis Stress braucht jeder von uns. Wie bei dem Reifen würde ohne die nötige Portion Stress vieles nicht rund laufen. Allerdings läuft die Sache bei uns Säugetieren ungleich komplizierter ab als bei einem Reifen.

Zunächst einmal ist es unserem Körper im Prinzip völlig egal, ob das, was uns Stress macht, etwas Tolles oder etwas Böses ist. Die Reaktionen, die in ihm ablaufen, sind eigentlich immer die gleichen. Es gibt also im Prinzip keinen positiven und negativen Stress, sondern lediglich zu wenig, genug und zu viel Stress. Oder schlechter gesagt: anregenden und belastenden Stress. Schlechter gesagt deshalb, weil diese Wörter zu großen Missverständnissen führen können, denn sie liegen für Euch viel zu nah bei »positiv und negativ«. Und damit haben sogenannte »Stressmodelle« eben gar nichts zu tun.

Um Euch das zu verdeutlichen, will ich Euch ein kleines Beispiel geben: Stellt Euch einen herzkranken Mann vor, der jede Aufregung vermeiden soll, weil die dadurch ausgelöste Stressreaktion sein Herz zu sehr belasten könnte. Es ist völlig egal, ob dieser Mann nun ein besonders schlechtes Erlebnis, wie zum Beispiel fast von einem Auto überfahren zu werden, oder ein besonders tolles Erlebnis, wie zum Beispiel sechs Richtige mit Superzahl im Lotto, hat. Beides könnte unmittelbar zu einer Überlastung seines Herzens und somit zum Tod führen.

Stressoren

Uups. Schon wieder ein Fremdwort. Tut mir leid. Stressoren sind Reize, die auf uns von innen oder außen einwirken. »Innere« Stressoren sind zum Beispiel Schmerzen, aber auch besondere Glücksgefühle. Ob die Stressoren von uns selbst, also von innen kommen oder von außen zugeführt werden, ist dem Körper eigentlich schnurzpiepegal. Die Reaktionen, die dabei ablaufen, sind immer die gleichen. Wohl aber unterscheidet er zwischen sogenannten »milden« und »heftigen« Stressoren, indem er seine Reaktionen wohl dosiert qualitativ anpasst. Allerdings kann eine besonders große Anzahl von mehr oder weniger milden Stressoren ebenfalls heftige Reaktionen auslösen, wenn diese schnell aufeinander folgen und / oder besonders lange anhalten.

Was passiert denn da im Körper?

Jede noch so kleine Stressreaktion, also eine Reaktion eines Körpers auf einen Stressor, setzt eine sehr komplizierte Chemieküche in Gang. Eine Vielzahl von Organen wird von bestimmten Hirnregionen dazu angehalten bestimmte (Stress-) Hormone auszuschütten, die wiederum zu bestimmten Reaktionen im Körper führen.

Als einfaches Beispiel nehmen wir mal das Adrenalin. Es sorgt unter anderem dafür, dass unser Herz schlägt und den Blutkreislauf in Gang hält. Immer wenn wir uns anstrengen, weil wir zum Beispiel schneller laufen müssen, schüttet unser Körper mehr Adrenalin aus und das Herz schlägt kräftiger und schneller. Wie das genau abläuft und was dieses Hormon in unserem Körper noch so alles anstellt, soll uns gar nicht interessieren, denn wir wollen das ja nicht zu kompliziert machen. Schließlich bin ich ja auch nur ein kleiner Terrier und kein Chemiker oder gar Biologe.

Jedenfalls wird das Adrenalin verbraucht und muss immer wieder erneut bereitgestellt werden. Befindet sich zu viel Adrenalin im Körper, sorgt ein kompliziertes System dafür, dass kein weiteres produziert wird. Wenn, ja wenn da keine neuen heftigen Stressoren dafür sorgen, dass das ganze schöne System ausgehebelt wird. Blöd, oder?

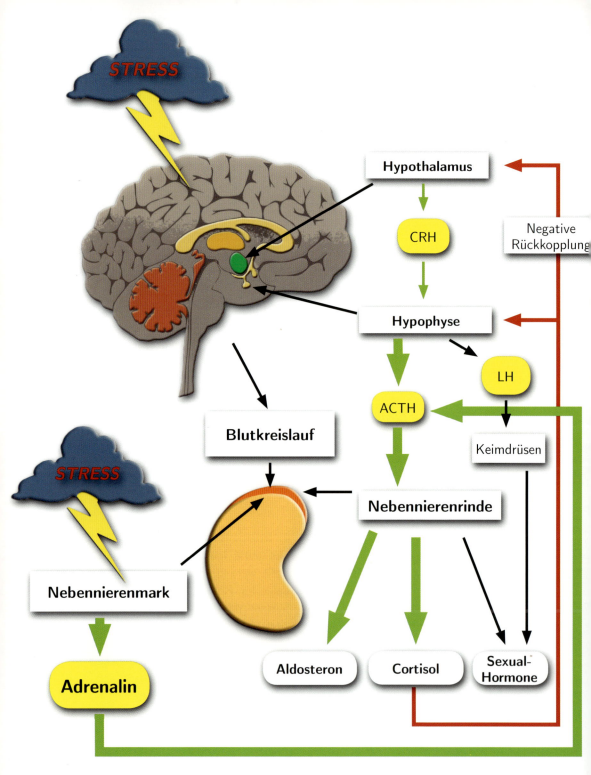

Naja. Ganz so blöd ist das nicht. Denn in seltenen Fällen ist es halt unbedingt nötig, dass das Überwachungssystem umgangen wird. Schließlich dient es letztendlich dazu, unseren Körper gesund zu halten. Und in bestimmten Situationen müssen wir einfach über uns hinauswachsen, um zu überleben. Das hat die Natur schon ganz schön schlau ausgeheckt.

Nehmen wir mal an, der Carlo von Gegenüber würde hinter mir her sein. Mit dem ist nun wirklich nicht gut Kirschen essen, das kann ich Euch sagen. Und der Carlo ist mir in allen Belangen überlegen, außer im Rennen. Das kann ich besser. Ha! Wenn ich jetzt also vor dem Carlo davonrenne und mein kleines Terrierherz wie wild bummert, dann rettet das Adrenalin mir das Leben. Wenn ich mich dann nach einigen hundert Metern umdrehe und merke, dass der Carlo aufgegeben hat, wird mein Körper durch die Drosselung der Adrenalinproduktion dafür sorgen, dass ich mich wieder beruhige. So können sich meine Organe, insbesondere mein Herz, wieder erholen. Schließlich kann nicht dauernd alles auf Hochtouren laufen, dazu bin ich nicht gemacht. Wenn ich aber, während ich mich umdrehe, weiterlaufe und dabei leider den herannahenden Bus übersehe, dann ist es absolut überlebenswichtig, dass mein Körper sagt: »Scheiß auf Erholung! Weiter geht's!« Auch wenn meine Organe durch den erneuten Hormoncocktail so sehr belastet werden, dass sie vielleicht sogar Schaden nehmen. Was interessiert es denn, ob ich eventuell irgendwann ein Jahr früher sterbe, wenn ich jetzt schon vor den Bus laufe?

Der Fehler im System

Tja. Da liegt aber auch der Fehler im System. Denn weil dieses System ohnehin schon kompliziert genug ist und weil die Reaktionen in Ausnahmefällen so schnell und stark ausfallen müssen, braucht es diesen Notausgang. Und der sorgt halt immer wieder dafür, dass das Überwachungssystem ausgehebelt wird.

Dauerhafter oder starker Stress überlasten den Körper

Wenn meinem Körper ab und an mal solche Höchstleistungen abgefordert werden, ist das gar nicht schlimm. Damit kann er umgehen. Anders sieht es aus, wenn solche Situationen andauernd passieren. Dann sorgt die andauernde Höchstleistung dafür, dass sich das gesamte System in unserem Körper diesem Zustand anpasst und somit also zulässt, dass dauernd zu viele Stresshormone in unserem Blut herumwuseln und dafür sorgen, dass Sinne, Muskeln und Organe dauernd im Turbomodus laufen. Ihr könnt Euch sicherlich vorstellen, dass dieser Zustand nun gar nicht zur Entspannung eines Lebewesens beiträgt, son-

Die wichtigsten »Stressverarbeiter« im Gehirn sind die Hypophyse und der Hypothalamus. Sie steuern die Ausschüttung von Hormonen und Botenstoffen innerhalb von Sekundenbruchteilen. Die einzelnen Stoffe »kommunizieren« wiederum über die negative Rückkopplung mit den beiden, wodurch eine Überproduktion verhindert werden soll.

dern es im Gegenteil äußerst gereizt und reizbar macht.

Ein Fass mit Boden

Abgebaut beziehungsweise nicht mehr weiter produziert werden die Stresshormone vor allem in den Ruhephasen des Körpers. Sie sorgen dafür, dass sich das System regeneriert und wir uns erholen können. Je mehr Stresshormone anwesend sind, umso schwerer wird es jedoch, diese Ruhe zu finden. Stellt Euch vor Ihr habt ein Fass auf dem Rücken, welches dafür sorgt, dass Ihr das Gleichgewicht halten könnt. In das Fass passen 30 Liter Flüssigkeit rein, aber nur bei fünf Litern ist das Fass genau so schwer, dass Ihr ohne Mühe das Gleichgewicht halten könnt. Ist das Fass voll, ist es nicht nur schwer zu tragen, sondern auch äußerst schwierig in Balance zu halten. Ihr müsst Euch also sehr anstrengen und an Ruhe ist dabei nicht zu denken. Ist es fast leer, wiegt es so gut wie gar nichts und Ihr merkt eigentlich gar nicht, dass Ihr es dabei habt. Im Boden Eures Fasses befindet sich ein kleines Loch, durch das immer ein wenig Flüssigkeit entweicht. In der Regel immer so viel, wie von oben hinein geschüttet wird. Nun stellt Euch vor, irgendein Dummkopf schüttet immer mehr Flüssigkeit in das Fass, sodass es immer voller und schwerer wird und sogar irgendwann überläuft. Das könnt Ihr dann mit einer Stressreaktion vergleichen. Durch das Überlaufen geratet Ihr ins Straucheln und verschüttet sogar etwas von der kostbaren Flüssigkeit. Schüttet der Dummkopf trotzdem immer mehr rein, weil er denkt, dass Ihr ja immer mehr davon braucht, wird es auf die Dauer dann richtig schwer für Euch, das Fass zu tragen und nichts zu verschütten. Tja, wenn nur fünf Liter in dem Fass sind und der Dummkopf mal ab und an etwas mehr rein schüttet, ist das nicht schlimm. Aber wenn er das dauernd tut und das Fass immer voller wird, weil durch das kleine Loch immer nur die gleiche kleine Menge abläuft, dann läuft es natürlich auch immer öfter mal über. Und so geht es dann einem Lebewesen, welches unter Dauerstress steht.

Die Stressreaktion

Je mehr Stresshormone sich im Körper eines Lebewesens befinden, umso weniger kann dieses klar denken. Kommt es zu einer Stressreaktion, dann passiert im Gehirn etwas sehr Interessantes. Dazu müsst Ihr noch wissen, dass für überlegtes Handeln das Großhirn zuständig ist. Das Großhirn geht sehr sorgsam und abwägend vor und macht somit sehr wenig Fehler, bis auf den einen: Es ist sowas von langsam, dass es in brenzligen Situationen immer noch mit Nachdenken beschäftigt ist, wenn die Situation schon längst vorbei oder das zugehörige Lebewesen gar schon tot ist. Dumm gelaufen.

Deshalb schaltet das Gehirn in bestimmten Situationen in den Stressmodus. Das passiert aber nicht aus freien Stücken, sondern aufgrund der schon erwähnten Chemieküche. Die bereits ausgeschütteten Hormone und ein deutlicher Schwall von weiteren Stresshormonen legen quasi einen Schalter um, der dafür sorgt, dass das Kleinhirn von nun an das Sagen hat.

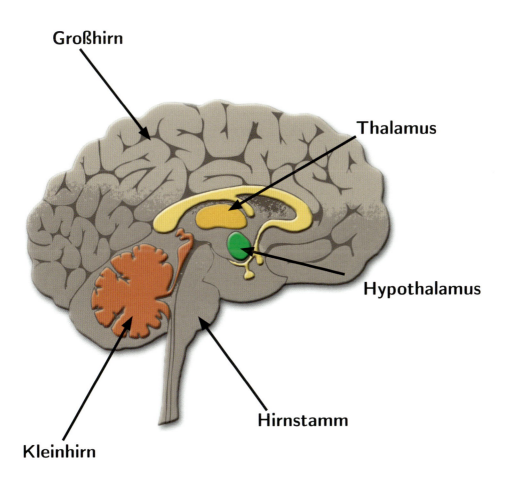

Das Kleinhirn wägt nicht ab, es handelt! Und zwar nach immer gleichen automatisierten Auslösemechanismen. Der Vorteil liegt dabei ganz klar in der Schnelligkeit des Kleinhirns. Es reagiert dabei immer gleich: Hormone ausschütten, Nervenimpulse abfeuern und gut ist. Dieser Modus sorgt dafür, dass das Lebewesen so schnell wie möglich reagieren kann und alle Muskeln, Organe und Sinne sofort in höchstmögliche Leistungsbereitschaft versetzt werden. Wohl gemerkt alle! Auch wenn das Lebewesen manche Funktionen für die gegenwärtige Situation gar nicht braucht.

Dass das auch mit Euch passiert, könnt Ihr schnell nachvollziehen, wenn Ihr zum Beispiel an eine brenzlige Situation im Auto denkt: Jemand nimmt Euch die Vorfahrt und es kommt fast zum Zusammenstoß. Nach überstandener Situation habt Ihr einen erhöhten Pulsschlag, feuchte Hände und dieses an einen Krampf erinnernde, komische Gefühl im Rücken. Das rührt daher, dass unter anderem ein starker Adrenalinschub dafür gesorgt hat, dass Ihr möglichst schnell wegrennen könnt. Da Ihr aber im Auto sitzt könnt Ihr ja gar nicht wegrennen und das überschüssige Adrenalin sorgt dafür, dass Eure Rückenmuskulatur sich verkrampft.

Hat das Kleinhirn also erst einmal die Regie übernommen, geschieht alles automatisch und schnell. Dass dabei Fehler passieren, ist klar. Aber die werden in Kauf genommen, denn die Chance, mit schnellen Reaktionen und der größtmöglichen Leistungsbereitschafft zu überleben, ist ungleich größer, als mit der Trägheit des Großhirns.

(Neuro-) Chemische Tatsache[5]

Bei einer Stressreaktion eines Lebewesens – ob nun Mensch, Hund oder Eisbär – handelt es sich also nicht um überlegtes Handeln oder gar eine willentliche Entscheidung, sondern vielmehr um ein chemisch bedingtes Umschalten in eine Art »Überlebensmodus«. Nur noch das nackte Überleben zählt. Alle anderen Lebensumstände wie gutes Benehmen, Komfort, Freundlichkeit und Sozialität werden nicht nur nebensächlich, sondern existieren in diesem Moment nicht mehr, weil das Lebewesen darauf gar nicht mehr zugreifen kann. Denn all das befindet sich in dem zugesperrten Aktenschrank »Großhirnrinde« und ist somit unerreichbar.

Ebenso unerreichbar sind unwichtige Informationen von außen: Kommandos oder sonstiges Geplapper von Zugobjekten. Die Leitung zum Großhirn ist lahmgelegt. Beziehungsweise ist das Großhirn aufgrund seiner Unentschlossenheit nicht in der Lage, sich gegen das Kleinhirn durchzusetzen.

[5] siehe Susanne Clothier; *Bodyposture and emotions* S. 25; in Deutschland James O´Heare; *Das Aggressionsverhalten des Hundes*;

Der Stress Eures Hundes

So, jetzt aber genug vom allgemeinen Erklären. Ich merke doch, dass Ihr von dem langweiligen Geschwafel schon total gestresst seid.

Stress beim Spaziergang

Jeder von uns Hunden, also auch ich, hat es auf einem ganz normalen Spaziergang mit einer Menge Stressoren zu tun.

Innere Stressoren

Als Erstes wären da mal die inneren Stressoren: Die Blase drückt, der Darm will entleert werden und das ein oder andere Zipperlein wollen wir auch nicht vergessen.

Äußere Stressoren

Dazu kommen dann noch die äußeren Stressoren: Die vielen Gerüche, die verschiedenen Geräusche, andere Hunde, andere Menschen, Tiere, die durch die Leine eingeschränkte Bewegungsfreiheit und …

IHR!

Die Folge: Ziehen an der Leine

Tja, da kommt dann eins zum anderen: Wir wollen unsere Ziele, ohne die wir uns gar nicht bewegen würden, wie Ihr ja jetzt wisst, möglichst schnell erreichen. Dabei spannt sich die Leine und das sorgt schon allein für mehr Stress, weil wir Euch auch noch mit uns ziehen müssen. Werden wir an einem Halsband geführt, bekommen wir auch noch weniger Luft: noch mehr Stress!

Dazu kommen dann noch die Erfolgserlebnisse, die wir mit der Zeit abgespeichert haben und die uns davon überzeugen, dass wir das Richtige tun. Schließlich werden wir ja auch immer wieder belohnt, wenn wir unsere Ziele erreicht haben: Wir haben das Wettrennen gewonnen, die Leine entspannt sich und alles ist wieder gut.

Allerdings wird unser (Stress-) Fass mit jedem Ziel auch immer voller, was wiederum dafür sorgt, dass wir immer angespannter werden und der Chemiecocktail bewirkt, dass der Schalter in unserem Gehirn immer öfter und leichter umgelegt wird.

Der Spaziergang fängt zu Hause an

Viele von Euch denken leider immer noch, dass ein Spaziergang im Wald auch erst im Wald anfängt. Aber da liegt Ihr leider so was von falsch, dass es mich schaudert! Manche werden jetzt sagen: »Nein, nein! Natürlich fängt der schon auf der Fahrt dahin an!«

Brrr! Da schaudert es mich schon wieder. Das ist zwar schon besser als die erste Variante, aber trotzdem genauso falsch.

EUER SPAZIERGANG FÄNGT IM ALLTAG AN!

Denn der Alltag und Euer Umgang mit Eurem Hund kann das Stressfass, das er auf seinem Rücken trägt, schon so weit anfüllen, dass es nur noch wenige Tropfen braucht, um es zum Überlaufen zu bringen. Der berühmte Tropfen muss dann noch nicht einmal was besonders Schlimmes sein. Meist reicht allein die Freude, vor die Tür zu kommen.

So brav (und trotzdem freudig) an der Türschwelle zu warten wie der kleine Oscar können wir nicht allein durch Training lernen. Vielmehr ist es ein solches Verhalten der Ausdruck oder besser das Ergebnis eines entspannten, alltäglichen Miteinanders.

Der Weg zum leinenführigen Hund

Tja, jetzt ist es raus: Euer Hund wird das »ordentliche Laufen an der Leine« nicht allein durch Euren richtigen Umgang mit der Leine und Euer korrektes und konsequentes Verhalten auf jedem Spaziergang erlernen. Vielmehr lernt er das »vernünftig an der Leine gehen« ausschließlich durch ein Gesamtpaket von Maßnahmen. Worin diese Maßnahmen bestehen und warum sie so wichtig sind, das will ich Euch jetzt dann endlich mal verraten.

Maßnahmen im Haus / Alltag

Als Vorbereitung auf das Training solltet Ihr unbedingt einige Umstände und Regeln festlegen, die Eurem Hund helfen, einerseits mehr Vertrauen zu Euch zu fassen und andererseits mehr Ruhe und Erholung zu finden. Aber auch eine artgerechte Beschäftigung ist wichtig.

Keine Angst: Ihr werdet überrascht sein, wie klein der Aufwand dafür ist.

Fester Schlafplatz
Alle Hunde dieser Welt, also auch Euer kleiner Racker, haben einen Schlafbedarf von 17 bis 19 Stunden täglich[6], um sich vom Stress des Alltags ausgiebig erholen zu können.

Jeder Hund braucht also einen Ort der Entspannung und der Ruhe. Dumm nur, dass sich die wenigsten von uns diesen Ort nach den richtigen Kriterien aussuchen. Andererseits ist das nur allzu verständlich, wenn man bedenkt, dass wir den wichtigen Aspekt der Ungestörtheit gar nicht zuoberst auf dem Zettel haben. Stellt Euch vor, Ihr seid mit Freunden unterwegs und die Stimmung ist absolut klasse. Gut, Ihr habt morgen einen wichtigen Termin und müsstet eigentlich früh ins Bett. Aber es ist gerade so gemütlich und – naja, einer geht doch noch ...

Weil es so wichtig ist, dass Ihr das versteht, schiebe ich lieber noch ein Beispiel hinterher. Hm, aber welches? Da könnte ich das von den Kindern nehmen, die unbedingt noch den Film zu Ende sehen wollen, obwohl sie morgen früh Schule haben. Oder Euer festes Vorhaben abnehmen zu wollen und dann kommt diese leckere Schokolade daher, die Euch im Handumdrehen wieder ein Pfund drauf packt. Oder den Autofahrer mit den 14 Punkten, der sich fest vornimmt, von nun an nicht mehr zu schnell zu fahren. Oh, das waren ja schon wieder drei Beispiele ...

Ganz ähnlich geht es uns Hunden. Bei der Wahl unseres Schlafplatzes denken wir

[6] siehe *Stress beim Hund*; Nagel/von Reinhardt; Animal Learn Verlag, S. 65.

So lässt sich's aushalten! In einer ruhigen Ecke kann man sich ganz entspannt ins Land der Träume begeben.

fast nie daran, dass wir in Ruhe schlafen wollen. Vielmehr wollen wir doch am Leben unserer Familie teilhaben, wenn nicht sogar deren Mittelpunkt sein. Also suchen wir uns einen Platz aus, der möglichst zentral liegt, zumindest aber einen, von dem wir uns versprechen, dass wir noch einigermaßen den Überblick behalten. Dass wir dabei in Kauf nehmen, öfter mal im Schlaf gestört zu werden, bzw. erst gar nicht die nötige Ruhe finden, um in den Schlaf zu kommen, ist nur allzu »menschlich«, wie Euch meine Beispiele hoffentlich gerade gezeigt haben.

Deshalb solltet »Ihr« für uns einen Schlafplatz aussuchen. Aber wo soll der sein? Da ich Eure Wohnung genauso wenig kenne wie Euch, kann ich diesen Platz natürlich nicht genau benennen. Aber ich kann Euch gern sagen, welche Kriterien dieser Platz erfüllen sollte beziehungsweise wo er sich auf keinen Fall befinden sollte.

Übrigens: Wenn ich hier immer von einem Schlafplatz spreche, dann ist das in den meisten Fällen nicht ganz richtig. In der Regel sollten es zwei Plätze sein. Einer, der aufgesucht werden soll, wenn Ihr auch schlaft und sich vorzugsweise in Eurem Schlafzimmer befindet und einer für tagsüber, während Ihr anderen Beschäftigungen nachgeht, als schlafen.

Die Wahl des richtigen Schlafplatzes

Der Schlafplatz Eures Hundes sollte ...

... nicht in Euren Laufwegen liegen

Ein eindeutiger Laufweg ist der Flur, aber auch die Küche oder das Wohnzimmer weisen bestimmte Wege auf. Wenn Ihr Eure Laufwege nicht kennt, gibt es ein einfaches Mittel, sie herauszufinden: Streut einfach zwischen alle Türpfosten etwas Mehl und lauft einen Tag wie gewohnt durch die Wohnung. Dort wo die dicken weißen Spuren liegen, sind Eure Laufwege. Falls Euch das zu unordentlich ist, stellt Ihr einfach an den Stellen, die Ihr Euch schon vorher als Schlafplatz für Euren Liebling ausgesucht habt, ein paar leere PET-Flaschen auf. Dort, wo Ihr sie immer wieder aufheben müsst, liegt der Schlafplatz nicht besonders günstig ...

... nicht an strategisch wichtigen Punkten liegen

Strategisch wichtige Punkte sind zum Beispiel Türen, die nicht unbedingt in Laufwegen liegen. Insbesondere sind das Terrassentüren, Fensterbänke und Haustüren, die ein absolutes NO GO darstellen, weil dem Hund damit ein Status zugewiesen wird, der ihm nicht zusteht: Nämlich der des Torwächters! Hier kann kein Hund zur Ruhe kommen, da er sich der großen Verantwortung, die dieser Ort mit sich bringt, absolut bewusst ist.

Auch, wenn Ihr das gar nicht so eng seht. Denn Eure Meinung darüber ist für Euren Hund absolut irrelevant.

Verboten! Bonny und Oscar liegen hier mitten im Laufweg ihrer Menschen.

Ein denkbar schlechter Platz für ein Körbchen. Hier könnte der kleine Oscar niemals echte Ruhe finden.

Auch Bonny fühlt sich nicht wirklich wohl auf Ihrem Kissen. Wie soll man denn bei dem dauernden Verkehr vernünftig schlafen können?

Wie war das noch mit dem Torwächter?

Aber auch die normalerweise niemals benutzte Türe zum Gästeklo oder der gern genommene Platz unter der Treppe sind solche strategisch wichtigen Punkte ...

... nicht unter Tischen oder Bänken liegen, an oder auf denen Ihr oder Eure Gäste sitzen
Auch hierbei handelt es sich streng genommen schon wieder um einen strategisch wichtigen Punkt. Wenn Euer Hund unter dem Tisch liegt, kann keiner der an diesem Tisch sitzt aufstehen, ohne dass Euer Hund das bemerkt. Er kann also ohne großen Aufwand kontrollieren, ob und wohin sich (»seine«) Menschen bewegen. Auch dieser Status steht ihm nicht zu und schon deshalb verbietet sich solch ein Ort.

Gut, man kann durchaus darüber streiten, ob der Gartenstuhl sich als Schlafplatz für meinen Verwandten hier eignet, zumal er nicht gerade tiefenentspannt zu sein scheint. Jedoch ist gegen diesen Platz nichts einzuwenden, wenn der Kleine gelernt hat, dass er nur dann auf dem Stuhl liegen darf, wenn sein Körbchen darauf liegt.

Aber ein anderer Umstand, den dieser Ort mit sich bringt, ist fast schon gefährlich! Es könnte sich ja zum Beispiel um einen Esstisch handeln, den Ihr nur benutzt, wenn Ihr Gäste habt. Dann stellen Eure Gäste Ihre Füße in »sein« Bett. Das würdet Ihr doch auch nicht wollen oder? Für Euren Hund bedeutet solch ein Schlafplatz Dauerstress bei und mit jedem Besucher. Ganz nebenbei werden Besucher zu unerwünschten Personen und er könnte, über kurz oder lang, zu äußerst unerwünschten Maßnahmen greifen ...

... nicht auf erhöhten Plätzen liegen
Da fällt natürlich die Fensterbank auch schon drunter. Aber auch Sofas, Sessel, Tische und alles andere, was Euren Hund mehr als 30 cm über dem Boden der Tatsachen schweben lässt, eignet sich in keinster Weise als Schlafplatz, weil auch das ihm einen Status zuweist, der ihm nicht zusteht. Besonders ungeeignet sind solche Plätze, wenn sie auch von anderen Familienmitgliedern oder Gästen benutzt werden (siehe Tische) ...

... nicht so liegen, dass er Euch kontrollieren kann
Ja, ich weiß, wie schön warm ein Hund Menschenfüße machen kann. Aber, glaubt mir bitte: Wir haben nicht die Absicht, Euch die Füße zu wärmen. Vielmehr dient ein solches Verhalten lediglich der totalen Kontrolle. Ihr könnt Euch nicht bewegen, ohne dass wir das merken. Und wenn wir das merken, sind

wir sofort hellwach. Unterbrechen also unseren Schlaf. Und das ist einfach nicht der Sinn der Sache ...

... den Hund aber auch nicht ausgrenzen
Was könnte ich damit wohl meinen? Klar, ein Zwinger wäre so ein Ort. Oder auch die Garage oder der Keller, wo der Hund eingesperrt wird. Aber auch der nächtliche Schlafplatz, getrennt von der Familie, fällt darunter. Wenn Ihr also zum Beispiel nicht wollt, dass Euer Hausgenosse mit in Eurem Schlafzimmer schläft, ist es zwar Euer gutes Recht, ihm einen anderen Schlafplatz zuzuweisen, aber Ihr solltet wissen, dass eine solche Trennung vom Rudel durchaus dazu beitragen kann, dass sich bei dem hochsozialen Rudeltier unnötiger Stress aufbaut. Vor allem dann, wenn dieser Schlafplatz ihm, wie es häufig vorkommt, ganz nebenbei wieder eine Torwächterfunktion überträgt ...

... nicht an Orten liegen, die von anderen Haustieren genutzt werden
Hier fällt mir gleich der ambitionierte Jagdhund ein, der seinen Schlafplatz im Vogelzimmer erhielt. Ihr könnt Euch wahrscheinlich vorstellen, dass der kein Auge zumachen konnte ...

... nicht in der Nähe des Fernsehers liegen
Und zwar nicht wegen der Strahlung, den schnellen Bildern oder dem Lärm. Letzteren können wir sogar einfach abschalten. Er stört uns überhaupt nicht.
Nein. Wegen Euch! Wenn Menschen vor Fernsehern sitzen, dann starren sie dieses Ding aber sowas von an, dass einem als Hund schon Angst und Bange werden kann. Denn Anstarren – oder Fixieren, wie wir es nennen, bedeutet in unserer Sprache Bedrohung.

Wenn wir uns bedroht fühlen, dann ist an Entspannung nicht zu denken und an schlafen schon gar nicht. Stellt Euch mal vor, Ihr legt Euch in Euer Bett und jemand anderes steht davor und starrt Euch die ganze Zeit an ...

Wahl der Schlafstätte

Was Ihr Eurem kleinen Liebling dann als Bett zuweist, bleibt natürlich Euch überlassen, hängt aber auch in gewisser Weise von Eurem Hund ab. Schließlich soll er sich in seinem Bett wohlfühlen. Viele Hunde lieben es, wenn ihr Schlafplatz nicht nur schön kuschelig ist, sondern auch ein Dach und evtl. sogar Wände hat. Dazu kann – bei kleineren Hunden – zum Beispiel ein alter Stuhl dienen, über den Ihr eine Decke hängt. So könnt Ihr zumindest vorläufig ausprobieren, ob Euer Hund sich in einer Box wohler fühlen würde als einfach nur auf einer Decke oder in einem Körbchen zu liegen. Die meisten meiner Kumpels fühlen sich in einer Box oder einem Kennel pudelwohl. Und dabei sollte die Box gar nicht einmal so groß sein, dass der kleine Prinz sich darin verloren vorkommt. Er sollte gut hineinpassen, sich darin umdrehen können und, wenn Ihr die Absicht habt die Box zu verschließen, muß noch Platz für eine Schüssel Wasser darin sein.

Zuweisung eines Schlafplatzes

Wenn Ihr dann den richtigen Schlafplatz und die dazugehörige Schlafstätte gefunden habt, dann gebt Ihr dieser erst einmal einen Namen und verkündet diesen der ganzen Familie. Zur Not klebt Ihr einfach einen Zettel mit der Bezeichnung an die Wand darüber. Denn es ist äußerst wichtig, dass alle Rudelmitglieder diesen Ort genau gleich bezeichnen. Ich nenne das jetzt der Einfachheit halber einfach mal »Decke«. Wie Ihr das nennt, ist aber total egal.

Wenn das getan ist, dann geht Ihr daran, Eurem kleinen Liebling diesen Ort aber sowas von nett und schmackhaft zu machen, dass er eigentlich gar nicht mehr anders kann, als sich dort zur Ruhe zu begeben. Immer wenn sich Euer Hund auf seine Decke setzt, stellt oder legt, dann lobt Ihr ihn dafür mit Worten wie »Fein, auf der Decke, der Bertie, Super!« Außerdem gibt es für die nächsten zwei bis drei Wochen zumindest alle Leckerchen für »Süß sein« ausschließlich auf der Decke immer mit dem entsprechenden Lob. Aber, Ihr zwingt Euren kleinen Racker bis dahin auf keinen Fall auf die Decke. Er soll sie immer mehr oder weniger freiwillig aufsuchen.

Allerdings werden alle anderen Orte von nun an unangenehm gemacht. Liegt Euer kleiner Kontrolleur mal wieder im Türrahmen, dann schubst Ihr ihn da weg. Ohne Worte, ohne Aufregung. Sondern cool und kontrolliert – einfach so!

Respekt vor dem Schlafplatz

Habt Ihr es gerne, wenn jemand durch Euer Bett läuft? Ich auch nicht! Und Eurem Hund ist das nicht nur nicht recht, sondern es verunsichert ihn darüber hinaus ganz extrem. Schließlich soll er sich absolut sicher sein, dass er auf seiner Decke seine Ruhe hat. Es läuft also niemand darüber, schon gar nicht, wenn er drauf liegt. Es wird kein Ball darauf geworfen und vor allem Eure Kinder lassen ihren Spielkameraden in Ruhe, solange er auf der Decke liegt. Auch rennen sie nicht daran vorbei oder spielen Fußball davor.

Sollte Euer kleiner Racker die Wurst vom Tisch stehlen und schafft es damit auf seine Decke, ignoriert Ihr das! Lasst ihm die Wurst! Die Gefahr, dass er den Tadel und die Wegnahme der Beute negativ mit seiner Decke verknüpft, ist viel zu groß. Stellt ihm demnächst besser eine Falle und tadelt ihn, wenn er die Nase auf dem Tisch hat. Das wirkt besser und die Decke bleibt davon unberührt.

Benutzen des Schlafplatzes

Wenn die Decke erst einmal etwas Supertolles für Euren Liebling geworden ist, dann könnt Ihr ihn schlussendlich auch dorthin schicken, wenn Ihr ihn mal nicht gebrauchen könnt. Also zum Beispiel wenn es klingelt oder wenn Ihr in Ruhe putzen wollt. Aber auch wenn Euer Besuch Angst vor Hunden hat. Aber: bitte fangt erst damit an, wenn Euer Liebling den Platz schon toll findet!

Verfolgungsverbot

Wie habt Ihr Eurem Hund eigentlich beigebracht, dass er Euch in der Wohnung auf Schritt und Tritt folgt? Ach das musstet Ihr gar nicht? Das hat er von ganz allein gemacht? Mmh. Na dann muss er Euch ja geradezu abgöttisch lieb haben. Ganz so, wie eine Mutter Ihre Kinder liebt ...

... UND AUF SIE AUFPASST!

Dieser Verfolgungswahn ist nichts anderes als die fortwährende, totale Kontrolle. Ach, da fällt mir ein: Wer kontrolliert eigentlich wen? Der Azubi seinen Chef oder umgekehrt? Ah, ja.

Wie Ihr das anstellt, wollt Ihr jetzt wahrscheinlich auch noch wissen. Tja, wisst Ihr, den meisten von uns habt Ihr was voraus: Ihr könnt Türen schließen. Also, warum tut Ihr das nicht einfach mal? Fangt doch bitte gleich mal mit der Klotür an. Das wäre mir sehr wichtig, wirklich. Und wagt es bloß nicht die Türe wieder zu öffnen, solange auf der anderen Seite auch nur noch der kleinste Mucks zu hören ist. Denn: wir wiederholen das, womit wir Erfolg haben. Schon vergessen?

Du musst leider draußen bleiben ...

Nehmt Euch am besten ein gutes Buch mit, denn die Sitzung könnte unter Umständen etwas länger dauern. Sobald da drüben aber Ruhe ist, dann kommt Ihr natürlich sofort, aber wortlos und kommentarlos, wieder heraus. Ignoriert den kleinen Kontrolleur so gut es eben geht.

Kontrollverbot

Eigentlich müsste ich ja Schnüffelverbot sagen, denn die Kontrolle Eures Gesundheits- und Gemütszustandes erfolgt nur allzu gern über unsere Nase. Schon vergessen, wie gut wir riechen können und wie viele Gerüche wir unterscheiden können?

Einem guten Schnüffler wie mir reichen zwei Sekunden mit meiner Nase in Eurem Schritt, um Informationen zu erhalten, die, selbst noch so klein geschrieben, noch nicht einmal in die Seiten dieses Buches passen würden. Ich könnte Euch also genau sagen, wann Ihr das letzte Mal Sex hattet und mit wem, wann Ihr Eure Tage haben werdet, ob Ihr einen stressigen Tag hattet, ob Ihr irgendwelche Krankheiten habt, wie Ihr Euch gerade fühlt, ob Ihr schon etwas gegessen habt ...

Was aber fast noch mehr zählt, ist die Geste an sich. Versucht doch einfach mal, Eurem Hund am Hintern zu schnüffeln. Was, er lässt Euch da nicht ran, oder es ist ihm zumindest unangenehm? Er weiß warum! Schließlich ist das eine Frechheit, ihm so ohne weiteres an den Hintern zu gehen, ohne ihn vorher nett um Erlaubnis zu bitten. Aber Ihr lasst das einfach geschehen. Schließlich ist er der Boss und hat das Recht dazu.

Essen gegen Arbeit

Sagt mal, wo kommt eigentlich das Geld her, mit dem Ihr unser Futter bezahlt? Bekommt Ihr das auch so einfach geschenkt? Nein? Ach, Ihr müsst dafür arbeiten. Ah, ja. Mmh.

Vielleicht sollte ich Euch mal was ganz Geheimes über uns Hunde verraten: Wir stammen vom Wolf ab. Und, wie er, sind wir hochsoziale Rudeltiere. Wir haben ein absolutes Recht darauf, zu erfahren, dass es uns immer nur so gut geht, wie dem ganzen Rudel. Jawohl! Und wir haben ein Recht darauf, dass Rudel wo immer es geht, unterstützen zu dürfen. Nur dann fühlen wir uns so richtig wohl.

Und was macht Ihr? Ihr grenzt uns aus, indem Ihr unsere Mitarbeit verweigert. Ihr stellt uns unseren Napf hin, ohne dass wir auch nur das Geringste dafür tun dürfen. Ihr seid wirklich sehr herzlos und unsozial. Da braucht Ihr Euch nicht wundern, wenn auch wir unsozial werden. Ihr lebt es uns doch so vor!

Wahrscheinlich denkt Ihr jetzt, ich will Euch auf den Arm nehmen. Aber das ist wirklich das Letzte, was ich möchte. Schließlich bin ich nur ein kleiner Terrier und Ihr wärt wirklich ein wenig zu schwer für mich. Nein, glaubt mir bitte: Es ist sowas von unbefriedigend für uns Hunde, alles im Leben geschenkt zu bekommen, das könnt Ihr Euch wahrscheinlich gar nicht vorstellen.

Bitte lasst Euren kleinen Liebling für sein tägliches Brot richtig ackern. Denn dann schmeckt es ihm dreimal so gut und er wird immer mehr Spaß an der Arbeit finden. Vor allem dann, wenn Ihr die Arbeit auch noch so gestaltet, dass sie seinen Fähigkeiten entspricht und dabei noch abwechslungsreich ist.

Mein Kumpel Vince ist ein Do-Khyi. Sein eigentliches Aufgabengebiet ist das Beschützen von Haus, Hof und vor allen Dingen den dazu gehörigen Tieren (also ein Herdenschutzhund). Da er in seinem eigentlichen »Beruf« quasi arbeitslos ist, gibt Seine ihm immer wieder neue Aufgaben, die er gerne mit Fleiß und Hingabe erledigt.

Feste Regeln

Hatte ich eigentlich schon erwähnt, dass wir Hunde allesamt hochsoziale Rudeltiere sind? Ich denke schon, aber es kann ja nicht schaden, Euch nochmal daran zu erinnern. Allerdings unterscheidet sich unsere Sozialität teilweise erheblich von der Euren. Am krassesten ist der Unterschied in unser beider Verständnis von Hierarchie. Einerseits brauchen wir eine feste Rangordnung, um glücklich und zufrieden leben zu können, andererseits stellen wir diese auch immer wieder auf die Probe. Das klingt in Euren Ohren vielleicht unlogisch, ist es für uns aber nicht. Nur dadurch, dass wir unser Umfeld immer wieder auf die Probe stellen, erlangen wir die nötige Sicherheit, die wir für ein entspanntes Miteinander brauchen.

Diese Proben sind viel weniger offensichtlich, als Ihr vielleicht annehmt. Wir stellen uns nicht vor unseren Chef hin und fordern ihn zum Kampf. Nein, so blöd sind wir nicht. Vielmehr bestehen diese Proben aus vielen kleinen Prüfungen, die Ihr meistens gar nicht bemerkt (... wie die Punkte im Tischtennis). Manchmal ist das sogar gut so, dass Ihr unsere Stichproben nicht wahrnehmt. Denn wir prüfen nicht nur Euer Durchsetzungsvermögen, das wäre zu einfach. Wir prüfen beispielsweise auch Eure Gelassenheit. Beides ist nämlich für einen souveränen Führer aber sowas von wichtig!

Ein Souverän ist kein Tyrann. Ganz im Gegenteil. Ein Souverän überwacht, stellt fest und vertraut. Er ist umgänglich, ausdauernd und konsequent in seinem Handeln. Und er gibt Regeln vor. Regeln, die er überwacht. Regeln, die Sinn machen. Regeln, die zum Wohle des Rudels dienen, an die sich jedes einzelne Mitglied halten muss und sich auch halten kann.

Ich glaube, da liegt Euer Hauptproblem. Entschuldigt bitte, dass ich das so offen ausspreche, aber ich glaube, dass Ihr Menschen, bevor Ihr eine Regel aussprecht, einfach mal darüber nachdenken müsstet, ob …

1. Ihr auch immer und überall, zu jeder Zeit, in der Lage seid, diese zu überwachen

2. Diese Regel Euch und uns auch weiterbringt – das Rudel also davon einen Nutzen hat

3. Wir auch in der Lage sind, diese Regel einzuhalten

Denn nur wenn diese drei Punkte erfüllt sind, macht eine Regel auch Sinn und stärkt Eure Position. Während alle Regeln, die einem der drei Punkte nicht entsprechen, eher dazu dienen, Euren Rang zu untergraben.

Feste Leinenlänge

Die bisherigen Maßnahmen betrafen doch eher Euren Hund, als Euch selbst, auch wenn Ihr mit der Regelüberwachung schon genug zu tun habt. Die nun folgende Regel gilt nicht nur für Euch beide, sondern ganz besonders für Euch. Sie lautet:

DIE LEINE IST DAZU DA, LOCKER ZWISCHEN HUND UND MENSCH ZU HÄNGEN

Wenn Ihr bisher immer glaubtet, dass nur Euer Hund an der Leine zieht, dann habt Ihr die Rechnung ohne Euch gemacht. Ihr glaubt ja gar nicht, wie oft Ihr dafür verantwortlich seid, dass sich die Leine spannt. Zum Beispiel, wenn …

… Ihr Euren Arm immer höher hebt

… Ihr die Leine um Euer Handgelenk wickelt

… Ihr mit der freien Hand in die Leine greift

… Ihr die Leine mal auf der Seite festhaltet, auf der wir laufen und mal auf der anderen

… Ihr Euren Liebling ganz nah bei Euch haben wollt, weil sich ein anderer Hund nähert

Korrekte Leinenführung: Sarah hält die Leine an der Schlaufe, in der abgewandten Hand. So kann sie ihrem Frodo mit der linken Hand die nötigen Zeichen geben, ihm ein Leckerchen zukommen lassen oder, falls nötig, in die Leine greifen.

Ihr könnt natürlich die Länge der Leine bestimmen. In der Regel lässt sie sich dreifach verstellen. So könnt Ihr den Freiraum, den Ihr Eurem Liebling gewährt, der jeweiligen Situation anpassen und er kann sich auf die jeweils neue Leinenlänge einstellen. Dass er das kann, davon bin ich überzeugt, und will Euch auch gern noch erklären warum ...

Hunde können Entfernungen sehr gut erkennen

Dazu müsst Ihr erst einmal wissen, dass wir Hunde einen sehr guten Entfernungsmesser eingebaut haben. Meiner ist ein Bastler vor dem Herrn und deshalb geht er gerne in Baumärkte. Manchmal darf ich mitgehen und dann wundere ich mich jedesmal, wie schlecht er mit seinen Augen messen kann. Ich kann das viel besser. Gut, ich kenne die Maßeinheiten nicht, aber würde ich sie kennen, dann wäre es für mich ein Klacks zu erkennen, ob dieses Brett zwei Meter lang ist. Und damit meine ich nicht, dass ich erkennen kann, dass ein Brett von zwei Metern kürzer aussieht, als eines von zweifünfzig. Nein, das kann ja sogar Meiner sehen. Ich bräuchte ein Brett nur anzusehen und könnte dann sagen ob es zwei Meter oder nur einsneunundneunzig lang ist. Dazu bräuchte ich noch nicht einmal lange hinsehen. Nur eben kann ich die Maße nicht nennen und außerdem fragt mich ja keiner.

Jagderfahrung

Warum wir das mit den Entfernungen so gut drauf haben, liegt zum einen am Jagen und zum anderen an unserer Konsequenz. Wenn ich mich an ein Kaninchen anschleiche, dann darf ich erst ab einer bestimmten Entfernung zur Hetzjagd ansetzen, sonst entwischt es mir und ich gehe leer aus. Dabei hilft mir meine Erfahrung abschätzen zu können, wann ich los muss.

Territorialverhalten

Das mit der Konsequenz ist schon etwas schwieriger zu erklären. Da nehme ich als Beispiel mal meine Begegnung mit dem Jack Russell neulich im Café. Der hatte den Tisch, an dem er und Seine saßen, zu seinem Territorium erklärt und es sich zur Aufgabe gemacht, dieses gegen potenzielle Eindringlinge zu verteidigen. Meiner und ich saßen an einem Logenplatz in einiger Entfernung zu diesem Geschehen. Eigentlich wollte ich mich, wie gewohnt, ablegen und ein kleines Schläfchen machen, aber dieses interessante Schauspiel hielt mich davon ab. Wie es in einem Café so ist, kommt irgendwann ein Tablettschlepper daher und begrüßt die Eindringlinge freundlich. Das wollte der Tablettschlepper in diesem Film auch machen, aber er hatte die Rechnung ohne »Jack the Ripper« gemacht. Für Euch mach ich da jetzt mal 'ne Zeitlupe draus, damit Ihr auch alles mitbekommt.

Phase 1: Die Annäherung

Der besagte Tisch – oder nennen wir es doch besser »die Burg« – befand sich gute zehn Menschenschritte vom Tresen entfernt in guter, weil zentraler, Lage. Als sich die Zielperson bis auf sechs Schritte angenähert hatte, erhob sich Jack the Ripper und fixierte den Feind. Einen Schritt weiter bereitete er sich auf weitere Maßnahmen vor, indem er die Lefzen hochzog und zu knurren begann, um dann bei einer Entfernung von drei Schritten lautstark zu verkünden, dass der Feind im Begriff ist, die Burg zu stürmen.

Phase 2: Die Bestellung

Das können wir kurz machen. Seine hielt Jack the Ripper an der Leine fest, was dem Tablettschlepper wahrscheinlich das Leben gerettet hat. Sie äußerte ihre Wünsche und der gute Mann verließ, sichtlich erleichtert, den Ort des Geschehens wieder.

Phase 3: Die Vertreibung

Auch das geht schnell: Jacky war erst wieder still, als der Feind sich hinter den Tresen zurückgezogen hatte.

Phase 4: Die Lieferung

Ich mach's kurz: 6 Schritte – Erheben und Fixieren; 5 Schritte – knurren und drohen; 3 Schritte – Sturmwarnung; die Leine verhindert Schlimmeres ...

Phase 5: Die erneute Vertreibung

Siehe Phase 3, jedoch hielt das Geläut nun noch etwas länger an.

Phase 6 bis 28: Andere Gäste

Tja, leider lag Jackys Burg in etwas zu zentraler Lage, als dass es der emsige Tablettschlepper hätte schaffen können, die anderen Gäste zu bedienen, ohne die territorialen Rechte von Jacky zu verletzen und ihn so immer wieder an seine Pflichten zu erinnern. Tisch 16, 17 und 18 waren kein Problem, weil sie außerhalb der Sechs-Schritte-Zone lagen. Die Bedienung der Tische 10, 11, 13, 14 und 15 bewirkte ein leichtes Beben innerhalb der Burg, denn sie lagen nur ca. fünf Schritte entfernt und bei allen anderen Tischen musste sich Jacky

Seine als Lebensretterin betätigen. Auf dem Hin- und auf dem Rückweg versteht sich. Tisch 12 wurde mit Rücksicht auf den Burgfrieden nicht mehr bedient.

Selber forschen

Wenn Ihr mal die Chance habt, solch einem Spektakel beizuwohnen, dann schaut es Euch doch bitte mal unter den eben angeführten Gesichtspunkten an. Schaut genau hin, an welcher Stelle welche Reaktion in welcher Entfernung folgt. Falls Ihr keine Striche auf dem Boden machen könnt oder dürft, dann nehmt einfach die Fliesen oder andere markante Punkte als Maßstab für Eure Analyse her. Ihr werdet überrascht sein, wie schnell und genau Ihr das »was passiert dann« vorhersagen könnt.

Konsequenz habe ich diesen Teil übrigens ganz bewusst genannt. Denn »Jack the Ripper« tut genau das: Er hält sich, den Raum um seine Burg betreffend, mit absoluter Konsequenz an seine Vorgaben.

Die goldenen Hunderegeln

Natürlich gibt es auch Regeln, die unbedingt sein müssen. Dabei denke ich aber weniger an die von Euch erdachten, sondern vielmehr an die, die für uns Hunde unerlässlich sind. Einige davon habe ich Euch ja schon verraten. Aber trotzdem will ich Euch nochmal eine Liste von Regeln an die Hand geben, die Euch vielleicht gar nicht interessieren, uns Hunden aber das Dach der Welt bedeuten.

Keine Ausnahmen bitte …

Wir Hunde können zwar Farben sehen, denken und handeln wollen wir aber am liebsten schwarz-weiß. Oder digital, wenn Ihr das besser versteht. Wir sind schlauer, als Ihr denkt. Aber eins können wir nicht: Ausnahmen verstehen. Uns bleibt völlig verschlossen, warum wir Tante Helga jederzeit stürmisch begrüßen dürfen, außer wenn sie ihr weißes Kleid trägt. Oder, dass wir uns immer auf der Couch herumlümmeln dürfen, außer wenn Besuch kommt. Ich darf nicht an der Leine ziehen, außer … – tja, außer wann eigentlich? Außer, wenn es sein muss? Außer, wenn ich es möchte? Außer, wenn es regnet? Das muss ich wohl erst noch herausfinden!

Ganz oder gar nicht, das ist so und das ändert sich auch nicht. Damit komme ich super klar. Auch und gerade dann, wenn ich doch immer wieder prüfe, ob die ein oder andere Regel denn noch wirklich gilt und konsequent von Euch überwacht wird.

Wer oben steht, hat Vorfahrt

Stellt Euch vor, der Chef kommt in seine Firma. Würde der Pförtner sein Butterbrot in Ruhe zu Ende essen, bevor er die Schranke öffnet? Würde ihm der Azubi ungestraft seinen Parkplatz vor der Nase wegschnappen dürfen? Würde der Prokurist einen Termin mit ihm platzen lassen? Würde seine Sekretärin ihr Telefonat mit ihrer Mutter weiterführen, wenn er zur Tür hineinkommt? Würde die Putzfrau sich genüsslich auf seinem Chefsessel räkeln? Würde der Geselle sich am Personalleiter vorbeidrängeln, um den Chef zu begrüßen? Würde der Verkaufsleiter dem besten Kunden sagen: »Leck mich am Arsch?«

Ah, ja! Aber Euer Hund darf sich all das erlauben?

Er darf dort liegen, wo Ihr gerade herlaufen wollt.
»Ist doch nicht schlimm, ich kann ja um ihn herumgehen.«

Er darf nach Herzenslust Euren Weg kreuzen.
»Oh Entschuldigung, Bertie! Jetzt hätte ich Dir fast auf die Pfoten getreten. Das wollte ich nicht!«

Er achtet sorgfältig darauf, vor Euch durch die Tür zu gehen.
»Ja, geh ruhig schon mal raus, ich muss die Tür ja sowieso noch abschließen.«

Er braucht nur dann zu Euch zu kommen, wenn er nichts Wichtigeres zu tun hat.
»Bertie hier ... Bertie hier ... Bertie hier ... Bertie hier ... Bertie hier ... Bertie hier ... Bertie hier ... Bertie hier ... Bertie hier ... Bertie hier ... Bertie hier ... Bertie hier ... Bertie hier ... Bertie hier ... Bertie hier ... Bertie hier ...«

Er schnüffelt und spielt so lange, wie es ihm gefällt. Ob Ihr weitergeht interessiert ihn einen Dreck.
»Er braucht doch schließlich seine Sozialkontakte.«

Er liegt auf den exponiertesten Plätzen im Haus.
»Unser Bertie hat es halt gerne gemütlich.«

Er ist immer der Erste an der Tür.
»So gehört es sich doch auch für einen Wachhund.«

Er bellt und zergelt an der Leine, bis es endlich weitergeht.
»Tut mir leid Frau Meier, aber der Bertie will weiter. Ich ruf sie besser gleich an, wenn ich wieder zu Hause bin.«

Der Umkehrschluss

Auch wenn es für Euch schwer zu verstehen ist. Für uns Hunde sind alle diese Dinge superwichtig. Und wir stellen Euch damit jeden Tag aufs Neue auf die Probe, um dann erschreckt festzustellen, dass Ihr noch nicht einmal die einfachsten Regeln durchsetzen könnt. Dass Ihr uns diese Regeln sogar umkehren lasst! Wie um alles in der Welt soll so einer wie Ihr uns durch diese Welt voller Gefahren führen, wenn er diese einfachen Sachen nicht durchsetzen kann? Oh, je! Unser gemischtes Rudel ist in großer Gefahr, wenn ich nicht das Heft in die Hand nehme. Gut, ich bin eigentlich nicht dafür geeignet, aber ich achte wenigstens auf das Wesentliche. Puh, wie soll ich da nur alles schaffen?

Stelle keine Regel auf, die Du nicht überwachen kannst!

Ihr seid super im Aufstellen von Regeln. Aber im Überwachen seid Ihr so schlecht, da stehen mir die Rückenhaare hoch. Was nützt Euch die tollste Regel, wenn sie noch nicht einmal die Spucke wert ist, mit der Ihr sie aussprecht? Das müsst Ihr mir mal erklären! Das ist einfach zu hoch für einen kleinen Terrier. Meine Güte, wie könnt Ihr nur ohne uns durchs Leben kommen?

Sprachliche Barrieren

Wenn Ihr versucht, einem Vierjährigen das Rechnen näherzubringen, wie macht Ihr das? Nehmt Ihr ein paar Zahlen und ein paar Zeichen und haut sie ihm um die Ohren? Erklärt Ihr ihm gleich den Satz des Pythagoras? Wohl kaum.

Ah, Mengenlehre! Ihr nehmt also Äpfel, Birnen und Finger, um dem kleinen Mann zu verdeutlichen worum es geht. Sehr gut! Und irgendwann, mit ein bisschen Übung, klappt es dann auch mit den Zahlen? Da guck!

Anderes Beispiel: Ich beame Euch jetzt mal in ein absolut fremdes Land. Dort sprechen die Menschen leider keine Euch bekannte Sprache. Welche Begriffe lernt Ihr als Erstes? Einfache Wörter? Gut. Aber von den einfachen, welche lernt Ihr davon als Erstes? Solche die Ihr häufig hört, mit denen Ihr aber nichts anzufangen wisst, oder Worte die Euch helfen zu überleben? Denkt mal an Euren ersten Türkei- oder Spanienurlaub. Was konntet Ihr als Erstes, wenn überhaupt etwas? Sicherlich »danke« und »bitte«. Klar, mit ein bisschen Höflichkeit lebt es sich doch gleich viel besser. »Ja« und »Nein« sind natürlich auch unentbehrlich. Und, was noch? Tja, das ist natürlich bei jedem Menschen verschieden. Meiner zum Beispiel, der lernt als Erstes meistens das entsprechende Wort für »Bier«. Ich glaube, das kann er mittlerweile in zehn Sprachen sprechen. Andere finden das Wort »Brot« wichtiger oder vielleicht »Essen«. Andere können sich die Tages- oder sogar Uhrzeiten gut merken.

Kurzum, Ihr lernt die Worte zuerst, die für Euer Wohlbefinden sorgen. Diese Worte müssen gar nicht häufig auftauchen, sonder nur zum richtigen Zeitpunkt. Der Kellner hält Euch eine Bierflasche vor die Nase und fragt: »Cerveza?« »Si!« Geht doch.

Hundesprache

Wir Hunde versuchen nun seit Zehntausenden von Jahren, Euch unsere Sprache zu lehren. Und Ihr uns die Eure. Aber bleiben wir erst einmal bei der Hundesprache. Es gibt da ja so einige Dinge, die Ihr schon herausgefunden habt. Wenn auch oft nicht ganz richtig und manchmal liegt Ihr sogar komplett daneben. Zum Beispiel habt Ihr ja lange Zeit geglaubt, dass Hunde, die mit ihrer Rute wedeln, freundlich sind. Das ist zwar gänzlich falsch, aber wie kamt Ihr darauf? Es muss wohl damit zusammenhängen, dass die meisten meiner Kollegen vom Wesen her freundlich sind.

Denn das Wedeln drückt eigentlich nur unsere Bereitschaft aus, uns mit unserem Gegenüber auseinanderzusetzen. Ihr könnt es auch Neugierde nennen, wenn Ihr wollt. Oder etwas hochgestochener ausgedrückt, zeigen wir damit unsere »Bereitschaft zur Interaktion«. Und da die meisten von uns dies halt freundlich tun, habt Ihr irgendwann messerscharf geschlossen, dass das Wedeln generell eine freundliche Geste ist. Tja, dumm gelaufen.

Eine andere unserer Gesten wurde auch lange falsch gedeutet: Das starre Stehenbleiben und Anheben einer Vorderpfote. Durch diese Geste signalisieren wir unserem Gegenüber, dass uns die Begegnung äußerst unangenehm ist und dass wir uns bedroht fühlen. Aber auch, dass wir auf der Hut sind und unsere Sinne geschärft sind. Oft zeigen wir diese Geste, wenn wir uns von einem Artgenossen bedroht fühlen bzw. wenn dieser uns droht. Und weil es logischerweise nach einer solchen Geste relativ häufig zum Kampf kommt, habt Ihr eben angenommen, dass es sich bei dieser Geste um eine Drohung handelt. Leider habt Ihr auch damit danebengelegen.

Aber egal. Was Ihr nach und nach gelernt habt, ist schon eine ganze Menge. Vor allem, dass wir Hunde uns kaum durch Laute, sondern vielmehr durch Gesten und Gerüche verständigen. Ich frage mich nur, warum Ihr uns trotzdem dauernd zutextet.

Kommunikation

Denkt noch mal an das Kind, dem Ihr das Rechnen beibringen wollt. Warum nehmt Ihr nicht gleich Zahlen, sondern erst Bilder? Warum fangt Ihr nicht gleich mit der Wurzel aus 144 an? Ach, weil das Kind sowas Schweres noch nicht kann? Ah, ja.

Und warum macht Ihr es uns dann so schwer, die Bedeutung Eurer Worte zu erkennen?

Für uns ist Eure Sprache nicht nur eine fremde, sondern auch eine völlig ungewohnte. Wir achten einfach nicht in erster Linie auf Laute. Für uns sind Eure Stimmung, die wir übrigens sehr genau an Eurem Geruch erkennen können, Eure Gesten, Eure Bewegungen und Euer Handeln viel wichtiger. Unser Gehirn ist dazu wie geschaffen, all diese wichtigen Informationen zu analysieren und einzuordnen. Aber Ihr versucht es immer wieder mit Sprechen. Auch und vor allem dann, wenn Ihr merkt, dass Eure Worte nichts bewirken. Dann wiederholt Ihr Euch, werdet lauter, wiederholt es nochmals und noch lauter. Ihr werdet sauer und noch lauter. Und immer so weiter.

Und wir? Na, wir haben dann schon längst gemerkt, wie aufgeregt und verzweifelt Ihr seid. Und dass wir Euch nicht vertrauen können. Warum macht Ihr das so? Ihr könntet es doch so einfach haben, wenn Ihr unsere Sprache sprechen würdet. Ihr müsst ja gar nicht alle unsere Ausdrücke kennen und schon gar nicht benutzen. Oh, nein! Ich stelle mir gerade vor, wie der kleine, dicke Karl-Heinz versucht, seinen altdeutschen Schäferhund »Hasso« durch Fletschen seiner vier verbliebenen Zähne zu bedeuten, dass er diesen Pferdeapfel doch bitte liegen lassen soll. Wahrscheinlich würde Hasso den Pferdeapfel tatsächlich liegen lassen, weil er sich vor Lachen kaum noch auf den Beinen halten könnte.

Caro gibt Charly hier eindeutig zu verstehen, dass ihr seine aufdringliche Anmache tierisch auf den Keks geht.

Jetzt aber ...

Uups! Jetzt habe ich mich aber ganz schön verquasselt. Eigentlich hätte ich Euch sogar noch viel mehr von uns erzählen wollen. Aber ich merke schon, dass Ihr langsam ungeduldig werdet und deshalb will ich Eure Geduld nicht noch länger strapazieren. Schließlich will ich auch noch ein paar mehr Bücher schreiben und wie soll das gehen, wenn ich Euch alles auf einmal verrate?

Ganz unnütz soll mein Gequatsche aber auch nicht gewesen sein, das werdet Ihr gleich merken. Gehen wir nochmal auf die Hundewiese. Wie war das doch gleich noch?

Welches Spiel spielen wir am liebsten?
(Verfolgen), Überholen, Einschränken!

Und wer ist der (vorläufige) Sieger?
Der, der es schafft, dass der andere stehen bleiben muss!

Und wie muss die Einschränkung ausgeführt werden, damit sie Erfolg hat?
Ruhig, sachlich, souverän – fast schon ein bisschen arrogant!

Ist doch ganz einfach, oder? Also, worauf wartet Ihr noch? Ach so, das mit dem ruhig, sachlich und souverän fällt Euch schwer? Ach, was. Mit den zuvor besprochenen Maßnahmen und ein bisschen Übung wird das schon. Ihr müsst ja nicht gleich zum Meister der Souveränität werden, wie mein alter Kumpel Ben. Für die meisten von Euch reicht wahrscheinlich schon ein kleiner Anflug von Souveränität, um Euren kleinen Liebling nachhaltig zu beeindrucken.

Erinnerungen

So, nun aber an die Praxis. Ihr habt ja mittlerweile sicherlich schon die Maßnahmen in Haus und Alltag umgesetzt. Wenn nicht, seid Ihr es selbst schuld, wenn Ihr und Euer kleiner Liebling Euch jetzt mit der Praxis schwer tut und etwas langer dauert. Aber gut, Ihr müsst wissen was Ihr da tut, ich bin schließlich nur ein kleiner Terrier und ich gebe mir die allergrößte Mühe, Euch zu helfen. Was sein muss, muss halt sein.

Leine und Leinenhaltung

Euch bleibt aber auch nichts erspart! Ihr tut mir richtig leid. Ich weiß, ich verlange viel. Aber, wie gesagt: Was sein muss ...

Die Leine

Eure Leine muss nicht schön sein. Und sie muss gar nicht unnötig teuer sein. Aber sie muss folgende Kriterien erfüllen ...

1. ... mehrfach verstellbar, damit Ihr den Freiraum Eures Hundes den jeweiligen Gegebenheiten anpassen könnt.

2. ... der Größe Eures Hundes angepasst. Kleiner Hund – schmale Leine, großer Hund – breite Leine.

3. ... unversehrt. Eine Leine kann alt, dreckig, ja sogar stinkig sein. Aber sie muss unbedingt »ganz« sein. Keine Knoten. Keine Risse oder Schnitte. Keine defekten Karabiner oder Ringe. Keine sich lösenden Nähte.

4. ... weich und *griffig*. Damit Ihr auch richtig festhalten könnt, muss das Material der Leine möglichst »handfreundlich« sein. Deshalb scheiden alle runden Leinen oder Seile auch aus. Die schneiden in den Händen und tun Euch weh. Keine gute Voraussetzung, um Euren kleinen Liebling jederzeit und immer, überall festhalten und stoppen zu können.

Flexileinen scheiden aus!

Sogenannte »Flexileinen« eignen sich leider so gar nicht dazu, die Leinenführigkeit zu üben. Sie sind zum einen zu unhandlich und zum andern erreicht Ihr mit einer solchen Leine eher das Gegenteil von dem, was Ihr wollt. Vor allem, wenn Ihr sie so benutzt, wie ich es immer wieder mit Schrecken sehe:

Euer Hund bemerkt ein Ziel und will dieses möglichst schnell erreichen. Die Leine spannt sich. Und, was macht Ihr? Ihr drückt auf den Knopf um ihm mehr Leine zu geben. Wie erreicht er also sein Ziel? Richtig: Durch das Ziehen an der Leine!

Nach einer Weile ist er dann absolut davon überzeugt, dass ihn nur ein einziges Verhalten seinem Ziel näher bringt:

Ziehe ich nur genug an der Leine, macht es irgendwann »Knack« und ich kann ohne Schwierigkeiten mein Ziel erreichen!

Am äußersten Ende

Von heute an haltet Ihr die Leine bitte an ihrem äußersten Ende, also in der Schlaufe, fest in Eurer Hand. Ohne sie um Euer Handgelenk zu wickeln.

In der abgewandten Hand

Und zwar in der Hand, neben der Euer Hund nicht läuft. Läuft der Hund also gerade auf der rechten Seite, nehmt Ihr die Leine in die linke Hand und umgekehrt. Und das aus vier Gründen:

1. ... braucht Ihr die Hand, die Eurem Hund am nächsten ist, als Zeigehand. Was es mit der Zeigehand auf sich hat, erzähle ich Euch später noch.

2. ... bleibt der Bewegungsraum, den Euer Hund so zur Verfügung hat, immer gleich groß und er kann sich darauf einstellen.

3. ... habt Ihr so den größten Hebel, wenn es darum geht, den Vorwärtsdrang Eures kleinen Lieblings konsequent und umgehend zu stoppen.

4. ... könnt Ihr in Situationen, in denen Ihr mal wieder überfordert seid, zusätzlich mit der anderen Hand in die Leine greifen und Euch sicherer fühlen.

Leinenlänge
Die Leinenlänge könnt Ihr durch das Einhängen des Karabiners in die verschiedenen Ringe der jeweiligen Situation anpassen. Nicht aber durch unkontrolliertes Verkürzen, wie das »in die Leine greifen« oder das »ums Handgelenk wickeln«.

Leinenruck
Der verbietet sich natürlich, wie ich schon vorhin versucht habe zu erklären. Allerdings gebe ich Euch eine einfache Alternative, aber dazu später mehr.

Michael macht hier alles richtig: Er hält die Leine in der abgewandten (rechten) Hand auf Hüftspeckhöhe, hat das linke Bein etwas nach vor gestellt und seinen Schwerpunkt etwas nach hinten verlagert. So stoppt er seinen Aron, der nach einem geworfenen Ball springt, absolut souverän und ohne einen Zentimeter nachzugeben. Das hat überhaupt nichts mit Kraft zu tun, sondern beruht ausschließlich auf der angewandten Technik.

Halsband oder Geschirr

Das müsst Ihr letztendlich selbst entscheiden. Beides hat nämlich Vor- und Nachteile ...

Vorteile des Halsbandes gegenüber dem Geschirr
Euer Hund ist »lenkbarer«, da es nun mal weiter vorne angebracht ist. Stellt Euch vor, Ihr fahrt in einem Auto, das die gelenkte Achse in der Mitte hat: Das Lenken fällt nicht nur schwer, sondern ist nahezu unmöglich. Außerdem habt Ihr mit dem Halsband einen besseren Hebel als mit dem Geschirr.

Allerdings wollen wir ja eigentlich erreichen, dass Euer Hund Euch freiwillig und freudig, also ohne Zwang folgt ...

Zusätzlich lässt sich ein Halsband in der Regel leichter anlegen als die meisten Geschirre.

Vorteile des Geschirrs gegenüber dem Halsband
Ein Geschirr übt keinen Druck auf den Hals aus. Folglich bekommt der dazugehörige Hund besser Luft und verspürt nicht den unangenehmen Druck am Hals, wenn er zieht. Der wiederum führt nämlich zu mehr Stress und somit zu noch heftigerem Ziehen. Besonders heftig ziehende Hunde sind also mit einem Geschirr weitaus besser bedient.

Oder aber Ihr kombiniert beides. Dann allerdings wird das Führen des Hundes für Euch komplizierter. Gleiches gilt für die Kombination »Halti® und Geschirr«. Aber in einigen Fällen ist eine solche Kombination anfänglich unerlässlich, um das Kräfteverhältnis zwischen Mensch und Hund ausgleichen zu können. Falls Ihr Euch für eine dieser Kombinationen entscheidet, so müsst Ihr den Umgang unbedingt vorher von einem fachlich versierten Trainer gezeigt bekommen.

Bitte nicht!
Immer wieder sehe ich, wenn ich mit Meinem durch den Wald stratze, dass das Halti® in Kombination mit dem Halsband oder sogar ganz alleine eingesetzt wird. Oh, je! Das ist wirklich das Dümmste, was Ihr machen könntet. Denn, wenn ein Hund, der nur am Halti® oder eben an Halti® und Halsband geführt wird, plötzlich nach vorne schießt, dann wirkt das Halti® wie der rechte Haken von Herrn Klitschko: Dem Hund fliegt der Kopf herum und an seiner Halswirbelsäule wirken Kräfte, die Ihr Euch in Euren kühnsten Träumen nicht

Bei der Doppelführung (hier mit Geschirr und Halsband) müsst Ihr unbedingt darauf achten, dass die Halsbandleine locker bleibt. Sie wird nur eingesetzt, wenn Ihr wendet. In diesem Moment braucht Ihr sie aber unbedingt, um Eurem Hund den richtigen Weg weisen zu können, wenn dieser die Wendung nicht annehmen will.

vorstellen könnt. Bei der Kombination von Halti® und Halsband kann es sogar passieren, dass der Hebel des Halsbandes in Verbindung mit der Zugkraft des Haltis® wie der gekonnte Griff eines Einzelkämpfers der Navy wirkt: Knack!

Art, Größe und Passform
Eins vorweg: Je breiter die Riemen, umso besser ist der Tragekomfort. Nicht umgekehrt. Außerdem sollte der Ring zum Ein-

hängen der Leine eher ein wenig zu groß ausfallen. Das birgt dann weniger Fummelei und erleichtert Euch das Anleinen.

Halsband und Geschirr passen dann, wenn sie der »Zweifingerregel« entsprechen. Die besagt, dass Ihr Zeigefinger und Mittelfinger zusammen mit leichtem Druck durchführen könnt, zusammen mit dem Ringfinger, dies aber fast nicht mehr könnt. Ganz viele meiner Kumpels tragen also ihre Riemen viel zu weit! Dass »Euer« Halsband oder Geschirr zu weit eingestellt ist, merkt Ihr spätestens dann, wenn Ihr mit der Leine in der Hand Eurem kleinen Liebling erstaunt hinterherschaut, weil er sich gerade mit einer geschickten (Rückwärts-) Bewegung daraus befreit hat. Dumm gelaufen!

Ich wundere mich übrigens immer wieder, wie schlecht die allermeisten Geschirre zu dem dazugehörigen Hund passen. Wenn Ihr in einen Klamottenladen geht, dann nehmt Ihr doch auch keine Hose, die unten zu kurz und oben zu weit ist. Und so, wie es bei Euch Menschen die unterschiedlichsten Figurtypen gibt, so unterscheiden wir Hunde uns genauso voneinander. Da gibt es die mit langer Rückenlinie und einem schmalen, einem tiefen oder einem breiten Brustkorb, eher gedrungene Typen, die aber einen eher schmalen Hals haben, oder so massige Jungs und Mädels wie zum Beispiel die Bernhardiner oder Neufundländer. Die Größen der Geschirre steigen aber in den meisten Fällen einfach nur linear an (XS, S, L, XL, ...) und deshalb sehen viele von uns in einem Geschirr ähnlich dämlich aus, wie ein Mann, der seine Hosen generell 10 cm zu kurz kauft.

Ihr solltet wohl beim Kauf eines Geschirrs einfach mal mehr Wert auf die Passform als auf die Farbe und das Aussehen legen, dann wäre uns schon sehr geholfen, wirklich.

Leine frei

Von jetzt an gilt, für jedes Mal und für immer, dass Ihr noch nicht einmal einen Schritt weiterlauft, wenn Euer kleiner Liebling die Leine spannt. Das immer und jedes Mal ist superwichtig, weil wir Hunde halt mit »Mal so, mal so« nichts anfangen können.

Somit habt Ihr jetzt genau drei Möglichkeiten zu reagieren, wenn Euer Hund an der Leine zieht:

1. Ihr bleibt stehen und wartet, dass er sich von seinem Ziel ab- und Euch zuwendet. Tut er das, lobt Ihr ihn für seine Besonnenheit und geht weiter.

2. Ihr geht sofort rückwärts. Und zwar so lange, bis Euer kleiner Liebling von sich aus die Leine entspannt, indem er auf Euch zuläuft und Euch anschaut.

3. Ihr wendet einschränkend und bringt ihn so bei jedem Leinenzug in die entgegengesetzte Richtung von seinem Ziel weg.

Doch was sich so einfach anhört, fällt am Anfang ganz schön schwer. Erst einmal müsst Ihr erkennen, dass er zieht. Das ist für viele von Euch superschwer, weil sie sich schon zu sehr an das Ziehen gewöhnt haben und es gar nicht mehr bemerken. Wenn Ihr also zu zweit geht, dann achtet gegenseitig darauf und weist den Leinenhalter darauf hin, wenn er es zu spät bemerkt.

Stehenbleiben und warten

Anfangs wird das nicht das Mittel der Wahl sein, weil es Eurem kleinen Traktor gar nicht in den Sinn kommt, Eure Nähe zu suchen, um ans Ziel zu gelangen. Aber das »Stehenbleiben« ist auf jeden Fall erst einmal besser, als weiter hinterher zu hecheln. Außerdem könnt Ihr eine der anderen beiden Maßnahmen daran anschließen und so den diplomatischen Ton weiter verschärfen.

Stopp! Keinen Schritt weiter!
Sina stoppt hier ihre Suri souverän und auf den Punkt genau, obwohl das Kräfteverhältnis eindeutig für Suri spricht (schaut Euch nur diese tollen Muskeln an). Dabei hilft Sina einzig und allein ihre ausgefeilte Technik: Sie hält die Leine in Hüftspeckhöhe in Ihrer rechten Hand und stützt sich mit Ihrem linken Bein ab. So entsteht ein Hebel, mit dem Sina ihre Haltekraft um ein Vielfaches vergrößert, ohne sich großartig anstrengen zu müssen.

Rückwärts laufen

Dabei müsst Ihr natürlich sicherstellen, dass Ihr nach hinten auch freie Bahn habt. Und dass Ihr es auch schafft, Euren kleinen Racker – in diesem Fall »vor Euch« – herzuziehen. Ihr lauft dann so lange rückwärts, bis der kleine Traktor von sich aus auf Euch zuläuft und so die Leine entspannt. Danach geht Ihr – quasi als Belohnung – sofort wieder in die vorherige Richtung weiter.

Wichtig: Sowohl »Stehenbleiben«, als auch »Rückwärtslaufen« eignen sich nicht bei »lebendigen Zielen«!

Lena läuft hier rückwärts von Hunter weg. So entfernt sie sich automatisch von Hunters Ziel und Hunter stellt über kurz oder lang Blickkontakt zu ihr her. Für uns Hunde sind rückwärts laufende Menschen äußerst interessant und fast immer einen Blick wert.

Einschränken

Das Einschränken eignet sich in jeder Situation, wenn es von Euch gekonnt und souverän ausgeführt wird. Dazu braucht es natürlich ein wenig Übung. Und, je nachdem wie sehr sich Euer kleiner Liebling gegen die Einschränkung sträubt, eine mehr oder weniger große Portion Rücksichtslosigkeit.

Oh, oh ... ich kann Euch Euer Entsetzen schon aus diesen Seiten heraus ansehen. Ja, liebe Freunde, jetzt wird es ganz hart für Euch. Damit Ihr mich besser versteht und das ungläubige Fragezeichen auf Eurer Stirn verschwindet, habe ich mir für diesen Teil der Ausbildung etwas Schützenhilfe besorgt: Meinen alten Kumpel Ben.

Mein alter Kumpel Ben

Allen, die den alten Ben noch nicht kennen, will ich ihn erst einmal kurz vorstellen. Ben ist ein sehr alter und weiser, schwarzer Neufundländer. Und Ben hat eine besonders hervorstechende Charaktereigenschaft: Er wirkt! Er muss sich nicht aufregen oder mit seiner Arthritis gar schnell bewegen. Er braucht eigentlich nur da sein und alles hört auf sein Kommando. Dabei habe ich ihn noch nie kämpfen sehen, allenfalls mal drohen und das auch nicht so, dass die Wände wackeln. Der Ben steht einfach da und – eben – ich finde da kein anderes Wort für: Er wirkt!

Eure Majestät

Und er geht. Er geht seines Weges. Einfach so. Da, wo der Ben seinen nächsten

So nicht, mein Freund! Rebecca wendet ihren Cooper heute absolut souverän: Bevor sie die einschränkende Wendung einleitet, hat sie Cooper bereits überholt. Auf den Seiten 132-133 könnt Ihr später sehen, dass das nicht immer so war ...

Schritt hinsetzt, da steht auch nie ein anderer Hund im Weg. Um ihn herum gibt es so etwas wie eine majestätische Bannmeile. Ich bin fest davon überzeugt, dass mein alter Kumpel noch nie einen Umweg laufen oder gar anhalten musste, weil ein anderer Hund seinen Weg kreuzte. Und das wird auch so bleiben. Selbst wenn der Ben irgendwann im Rollstuhl auf die Wiese gefahren käme, er hätte immer noch diese Aura, diese Souveränität, die ihn schon sein ganzes Leben umgibt, zumindest solange ich ihn kenne.

Der Ben wurde meines Wissens auch noch nie von irgendwelchen tobenden Jungspunden angerempelt. Selbst im wildesten Spiel schaffen es alle noch irgendwie an ihm vorbei, auch wenn es manchmal schon verdammt knapp war.

Vor die Füße gelaufen

Der einzige Hund, den ich kenne, der dem alten Ben mal vor die Füße gelaufen ist, der bin wohl ich. Und das kam so: Ich war damals ein noch kleinerer Terrier als heute. Wir waren schließlich alle mal jung. Und ich hatte damals noch viel zu lernen. Meiner ging mit mir, dem alten Ben und dessen Napfschlepper spazieren. Die drei liefen brav auf dem Weg, nur ich, ich hatte gerade so einen feinen Duft von frischem Kaninchen in der Nase, dem ich unbedingt nachgehen wollte. Meiner hatte aber irgendwas dagegen und rief mich zu sich. Als braver kleiner Terrier machte ich sofort kehrt und rannte zurück zu Meinem. Das heißt, ich wollte zu Meinem rennen. Denn ich kam von links und der – damals noch fast jugendliche – Ben lief quasi zwischen mir und Meinem, sodass ich seinen Weg kreuzen musste. Also besser versuchte, denn der Ben lief einfach weiter und trampelte mir auf meine klitzekleine Terrierpfote. Ich kann Euch sagen, das war ein Schmerz. Fünfundsiebzig Kilo, geteilt durch drei, denn eine unserer Pfoten ist ja immer in der Luft, auf meinem kleinen Pfötchen. Jaul!

Und, was glaubt Ihr, was der alte Ben gemacht hat? Der ist einfach weitergelaufen, als wenn nichts gewesen wäre. Der hat sich noch nicht einmal zu mir umgedreht, geschweige denn nach meiner zerschmetterten Pfote gesehen. Und Meiner? Was meint Ihr, was der gesagt hat? »Tja, Bertie. Es gibt Erfahrungen, die muss man machen. Die kann man nicht machen lassen, kleiner Mann.« Und damit war der fertig mit dem Thema.

Genau so geht's

Der Ben ist heute schon lange einer meiner besten Kumpels. Er hat immer ein Ohr für mich und ich habe jede Menge von dem alten Mann gelernt, das könnt Ihr mir glauben. Ich war ihm damals auch gar nicht böse. Naja, im ersten Moment schon, aber bald darauf habe ich eingesehen, dass er Recht hatte. Denn es war sein Recht dort hinzutreten, wo er hintreten wollte. Das ist bei uns Hunden einfach so. Man läuft einer Respektsperson nicht einfach vor die Füße. Wo einer, wie der Ben, seine Pfote hinzustellen gedenkt, da kann gar keine andere Pfote im Weg sein. Und schon gar kein ganzer Hund. Da gibt es auch nichts dran rumzudiskutieren.

Bitte recht ignorant

Wenn Ihr also Eurem kleinen Liebling auf die empfindlichen kleinen Pfötchen tretet, dann ignoriert das bitte. Lauft einfach weiter. Keine Entschuldigung, kein Streicheln, kein Bedauern. Noch nicht einmal ein Blick, denn selbst der könnte den kleinen Möchtegern dazu ermutigen es wieder zu versuchen. Ja, ja! Ihr habt schon richtig verstanden. Er wird es wieder versuchen, diese Respektlosigkeit Euch gegenüber durchzusetzen, wenn Ihr auch nur den kleinsten Zweifel daran aufkommen lasst, dass es Euer verbrieftes Recht ist, Euren Weg frei zu wählen.

Bewahrt Euer Ziel

Schon vergessen? Wir Hunde laufen niemals ohne Ziel. Und wir wissen nicht, dass Ihr das nicht tut. Wenn Ihr Euch also bewegt, dann wissen wir genau, dass Ihr gerade auf dem Weg von A (Eurem vorherigen Standort) nach B (Eurem Ziel) seid. Was tun wir also, wenn wir Euch vor die Füße laufen? Genau! Wir stören Euch auf dem Weg zu Eurem Ziel. Und das ist nicht nur frech, sondern unverschämt. Und mindestens ein Punkt für uns. Ob Euch das nun passt oder nicht!

Ein Riesenunterschied

In vielen Hundeführeranleitungsleitfäden findet Ihr den Ratschlag, sofort umzudrehen. Gar nicht schlecht. Aber leider auch total falsch. Es kommt nämlich nicht nur darauf an, dass Euer kleiner Racker sein Ziel nicht erreicht, sondern vor allem da-

Angela auf Abwegen ... Eigentlich sollte Angela einfach nur gerade von einer Pylone zur anderen laufen. Eigentlich wollte sie das auch, aber sie hat die Rechnung ohne ihre Makita gemacht! Denn die hatte plötzlich ein ganz anderes Ziel. Und weil Angela so gebannt auf die ziehende Makita schaut, hat sie ihr eigentliches Ziel aus den Augen verloren und dackelt schön hinter Makita her.

rauf, wie Ihr ihn davon abbringt. Warum das so ist, erklärt Euch wieder einmal die Hundesprache …

Hundesprache

Gehen wir noch mal zurück auf die Hundewiese. Wie war das doch gleich? Wer macht den Punkt? Und wie macht er ihn? Indem er sich vom anderen abwendet? Wohl kaum. Er punktet, indem er den anderen zum Stehen und damit von seinem Ziel abbringt. Oder indem er ihn so dirigiert, dass er sein Ziel nicht erreichen kann – das wäre allerdings nur ein halber Punkt.

Splitten

Ein Satzgewinn hingegen bedeutet es, wenn einer von uns sich so zwischen zwei andere stellt, dass diese voneinander getrennt werden. Das trauen sich übrigens gar nicht viele von uns. Es dient dazu, einen drohenden Kampf zu vereiteln. Der

Hier seht Ihr von vorne nach hinten: Ben (6 Jahre), Charly (15 Monate) und Balu (20 Monate). Ben und Balu hatten kurz zuvor eine größere Meinungsverschiedenheit, was Ihr an Balus' Erregung (achtet mal auf seine Nackenhaare) auch noch gut sehen könnt. Charly rennt zwischen die beiden Streithähne, um Schlimmeres zu verhindern. Ben beschwichtigt schon durch züngeln und blinzeln.

Charly läuft vor Ben und stellt ihn. Ben dreht beschwichtigend den Kopf zur Seite und hält an. Derweil sucht Balu schon mal das Weite.

Jetzt beschwichtigt auch Charly (»Nichts für ungut Kumpel ...«), weil er es auf keinen Fall auf einen Kampf mit dem fünf Jahre älteren Ben ankommen lassen möchte. Doch Ben hat das auch gar nicht im Sinn, was er durch seinen abgewendeten Blick, den zurückgezogenen Körper und die angelegten Ohren eindeutig demonstriert.

»Splitter« verbietet dabei durch seine souveräne Körperstellung den beiden Kontrahenten, seinen Weg zu kreuzen und trennt dadurch die beiden Streithähne. Besonders souveräne Vertreter wie mein alter Kumpel Ben – er ist der beste »Splitter«, den ich je gesehen habe – brauchen sich sogar nur in die Nähe der Streiter stellen, um ihnen unmissverständlich mitzuteilen, dass sie wieder spielen gehen sollen.

Bedeutung der Körperstellungen

In unserer Sprache hat die Stellung unseres Körpers aber noch viel mehr Bedeutungen. Auf einen einfachen – für Euch verständlichen Nenner – gebracht, würde ich es mal so formulieren:

In direkter »Zusammenarbeit« mit einem anderen Individuum, also auch mit Euch, deuten wir die Körpersprache des anderen auch in Bezug auf äußere Reize. So verstehen wir auch ganz genau, was Ihr uns denn gerade im Bezug auf das Ziel, das wir gerade vor Augen haben, egal worum es sich dabei handelt, mitteilen wollt – besser gesagt: was Ihr uns aus Versehen bzw. aus Unkenntnis unserer Sprache mitteilt.

Frontale Stellung = »Geh weg (zurück)! Ich bin nicht zum Scherzen aufgelegt.«

Dieses Bild haben wir für Euch gestellt. Obwohl sich diese beiden Hunde gut kennen, ist der braunen Hündin Suri diese Frontalstellung sichtlich unangenehm. Der souveräne Rüde Fin bleibt hingegen gelassen.

(Breit-) Seitliche Stellung = »Halt! Keinen Schritt weiter.«

Der Mittelschnauzer Charlie erklärt hier gerade dem Sheltie Joshi, dass es wohl keine gute Idee ist, ihm vor die Füße zu laufen.

Abgewandte Stellung = O.K. Du darfst an mir vorbeilaufen«

Um eventuellem Ärger von vornherein aus dem Weg zu gehen, läuft Suri lieber hinter dem Border Collie Fin vorbei.

WIR NEHMEN JEDE **E**URER KÖRPERSPRACH-
LICHEN **M**ITTEILUNGEN NÄMLICH SEHR
ERNST UND FÜR BARE **M**ÜNZE. **D**UMM NUR,
DASS **I**HR MEISTENS GAR NICHT WISST, WAS
IHR UNS DA GERADE ERZÄHLT.

Für uns bedeutet es einen großen Unterschied, ob Ihr Euch von uns abwendet oder ob Ihr Euch uns zuwendet und uns so den Weg weist. Schließlich haben wir ein Ziel vor Augen. Ich will es mal mit Meinem und vor allen Dingen mit meinen Worten erklären:

Stellt Euch vor, ich laufe mit Meinem die Straße entlang. Nehmen wir mal an, ich laufe gerade rechts von Meinem. Das ist die Seite, auf der er seine Uhr nicht trägt. Nehmen wir weiter an, da käme uns der Carlo entgegen, der ja, wie Ihr ja bereits wisst, nicht gerade mein bester Kumpel ist. Wenn Meiner jetzt die Begegnung mit dem Carlo vermeiden möchte, weil er vielleicht keinen Bock auf das Gezeter hat oder weil ihm eingefallen ist, dass er unbedingt noch woanders hin muss, dann kann er mir das nur auf eine Art mitteilen:

Er muss vor mir nach rechts abbiegen und so also einen Bogen, vor mir, um mich herumlaufen. Kurzum – er muss meinen Weg kreuzen und mir durch diese Einschränkung unmissverständlich mitteilen, dass er nicht möchte, dass ich mich weiter um den Carlo kümmere.

Würde Meiner sich nämlich einfach nur umdrehen und in die andere Richtung laufen, dann würde er mir damit, ebenfalls unmissverständlich, mitteilen, dass ich mich bitte schön um den Carlo kümmern soll, während er schon einmal die Flucht antritt. Ob ich dabei angeleint bin oder nicht, spielt absolut keine Rolle. Denn das Wort »Leine« taucht in meinem Wortschatz nicht auf.

Bedeutung der drei Wendungen
Vielleicht kennt Ihr ja aus dem Gehorsamsunterricht Eurer Hundeschule schon die drei gebräuchlichen Wendungen: Rechts-, Links- und Kehrtwendung. Um deren Bedeutung genau beschreiben zu können, kommt es zunächst unbedingt darauf an, auf welcher Seite des Menschen der Hund denn gerade läuft. Üblicherweise führt Ihr Euren Hund beim Unterricht im Fußkommando auf einer bestimmten Seite (rechts oder links). Um nun Verwechslungen zu vermeiden, muss ich sowohl der Links- als auch der Rechtswendung leider jeweils einen neuen Namen geben.

Einschränkende Wendung
Bei dieser Wendung schneidet Ihr Eurem Hund den Weg ab, indem Ihr vor ihm her, eng (!) um ihn herumlauft. Diese Wendung signalisiert Eurem Hund: »Ich weise Dir den Weg und führe Dich aus dieser Situation heraus.« Aber auch: »Ich passe auf Dich auf und beschütze Dich. Ich kontrolliere diese Situation!«

Ganz nebenbei »splittet« Ihr bei der einschränkenden Wendung die beiden potenziellen Kontrahenten, weil Ihr ja zwischen Ihnen herlauft – wenn Ihr sie denn souverän ausführt. So bewährt sich die einschränkende Wendung vor allem bei lebendigen Zielen. Also zum Beispiel anderen Hunden, Katzen, Joggern, Fahrrädern, Autos, Bussen und allem anderen, was sich bewegt.

Beinarbeit
Absolut wichtig bei der einschränkenden Wendung ist, mit welchem Bein Ihr zuerst vor uns lauft. Es muss nämlich immer das Bein sein, das uns am nächsten ist. Leider habt Ihr ja nur zwei Beine und müsst immer eins vor das andere setzen. Wenn Ihr bei der einschränkenden Wendung nun das von uns weiter entfernte nehmen würdet, dann wüsstet Ihr wieder nicht, wo Ihr das andere hinsetzen solltet: Da stehen (oder laufen) wir dann nämlich schon. Also Euer Hund, natürlich. Tja, und dann habt Ihr die Wahl zwischen »den kleinen Liebling wegtreten« oder »Euch auf die Schnauze legen«.

Ich weiß ja sowieso nicht, wie man dauerhaft auf zwei Beinen laufen kann, ohne umzufallen ...

Schneller Schritt
Damit Ihr die einschränkende Wendung auch gut hinbekommt, müsst Ihr unbedingt noch etwas beachten: Wenn Ihr unseren Weg zu kreuzen beginnt, müsst Ihr uns vorher schon überholt haben! Das liegt schon wieder daran, dass Ihr nur zwei Beine habt und deshalb hätte ich auch fast vergessen Euch das noch zu sagen. An was ich als kleiner Terrier nicht alles denken muss!

Einschränkende Wendung (hier links geführt)

Die einschränkende Wendung ist eine 180° Kehre, die im Wesentlichen aus drei Schritten besteht.

Im ersten Schritt (roter Fuß) stellt Ihr Euer Bein, das dem Hund am nächsten ist, vor den Hund. Allerdings ist es wichtig, dass dieser Schritt so kurz wie möglich ist. Ihr müsst die Wendung also gut vorbereiten, indem Ihr den Hund vor Beginn der Wendung bereits überholt habt.

Der zweite Schritt (gelber Fuß) erfolgt dann mit dem anderen Bein, das Ihr parallel zum »Sperrbein« führt. Dieser Schritt dient vor allen Dingen als Stütze für das »Sperrbein«. Der Raumgewinn ist bei diesem zweiten Schritt nur ganz minimal.

Der dritte Schritt (grüner Fuß) beendet die eigentliche Wendung, indem Ihr das »Sperrbein« nochmals um 90° und nach vorn versetzt.

Wenn Ihr die Wendung souverän und korrekt ausführt, könnt Ihr euren Hund quasi auf einem Bierdeckel wenden. Der Radius der Wendung sollte niemals größer sein, als euer Hund lang ist. Je enger dieser Radius ist, um so effektiver ist die Wendung!

- 🔴 **Linkes Bein in 90° vor den Hund**
- 🟡 **Rechtes Bein stützt Euch ab**
- 🟢 **Linkes Bein nochmals 90°**

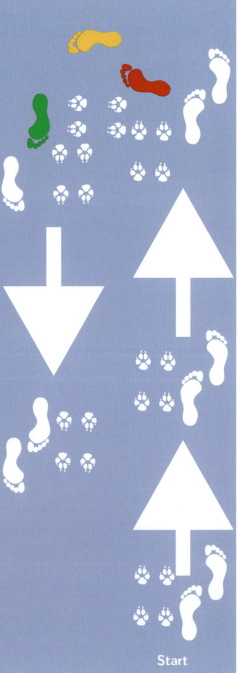

Am besten macht Ihr dazu einen geraden, langen Schritt mit Eurem von uns abgewandten Bein. Denn dann braucht Ihr mit dem Bein, das uns einschränkt, nur einen kurzen Schritt machen und die Gefahr, dass Ihr Eurem kleinen Liebling auf den Fuß tretet, ist damit viel kleiner.

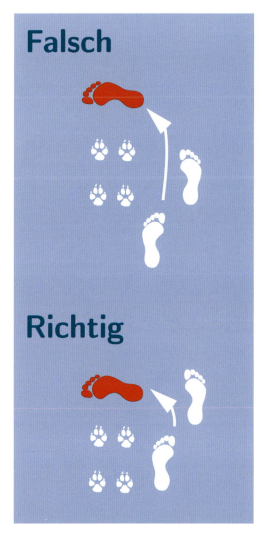

Motivierende Wendung
Bei dieser Wendung wendet Ihr Euch von Eurem Hund ab und lauft ebenfalls in die andere Richtung. Während des Fußlaufens im Unterricht oder später auch irgendwann einmal draußen beweist ein Hund, der seinem Führer bei dieser Wendung auf Augenhöhe folgt, hohe Konzentration und eine starke Bindung. Denn er muss hoch konzentriert neben Euch und während der Wendung auch etwas schneller laufen als Ihr, damit er den Kontakt zu Euch nicht verliert.

Für Hunde, die nicht im Fußkomando stehen (also nicht Euch, sondern etwas anderes im Visier haben), bedeutet die »Motivierende Wendung« aber etwas ganz anderes. Sie interpretieren Euer Abwenden als Flucht und somit auch gleich als besonderen Auftrag: »Kümmere Du dich bitte um das Ziel und halte mir den Rücken frei! Tue das, was Du für richtig hältst!«

Kehrtwendung
Die während des Fußkommandos akkurat ausgeführte Kehrtwendung stellt im Gehorsamsunterricht die hohe Schule dar. Ihr führt ein Abreißen des Augenkontaktes absichtlich und überraschend herbei. Euer Hund muss dabei nicht nur mit Euch mit, sondern auch um Euch herumlaufen und so den Augenkontakt schnellstmöglich wieder herstellen. Im wahren Leben bedeutet diese Wendung für uns genau das gleiche wie die sogenannte motivierende Wendung: »Mach Du mal lieber. Ich ziehe es vor, zu flüchten!«

Die motivierende Wendung

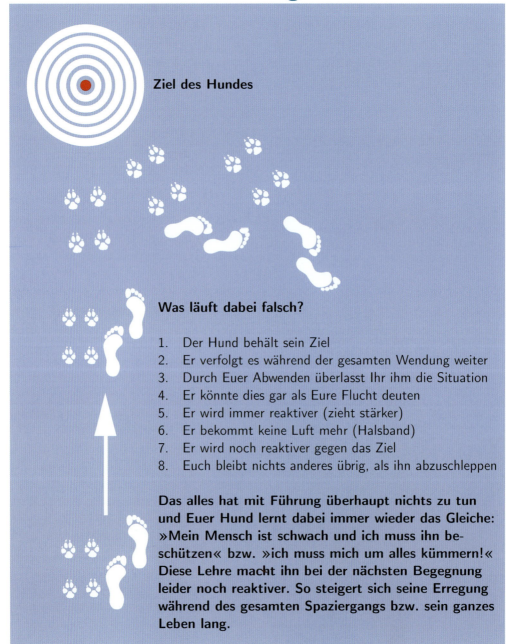

Ziel des Hundes

Was läuft dabei falsch?

1. Der Hund behält sein Ziel
2. Er verfolgt es während der gesamten Wendung weiter
3. Durch Euer Abwenden überlasst Ihr ihm die Situation
4. Er könnte dies gar als Eure Flucht deuten
5. Er wird immer reaktiver (zieht stärker)
6. Er bekommt keine Luft mehr (Halsband)
7. Er wird noch reaktiver gegen das Ziel
8. Euch bleibt nichts anderes übrig, als ihn abzuschleppen

Das alles hat mit Führung überhaupt nichts zu tun und Euer Hund lernt dabei immer wieder das Gleiche: »Mein Mensch ist schwach und ich muss ihn beschützen« bzw. »ich muss mich um alles kümmern!« Diese Lehre macht ihn bei der nächsten Begegnung leider noch reaktiver. So steigert sich seine Erregung während des gesamten Spaziergangs bzw. sein ganzes Leben lang.

Die Kehrtwendung

Ziel des Hundes

In der schematischen Darstellung sieht es ein bisschen verwirrend aus, das geb ich zu. Das liegt daran, dass die Hundepfoten und die Menschenfüße eigentlich übereinander gezeichnet werden müssten, aber dann könntet Ihr gar nichts mehr erkennen.

Bei der Kehrtwendung dreht sich der Mensch einfach nur um 180°, ohne dabei um den Hund zu laufen. Den Weg des Menschen habe ich mit den roten Zahlen markiert.

Der Hund soll dabei eigentlich seinem Menschen folgen, indem er hinter dessen Rücken um ihn herum läuft und wieder in seine alte Position (hier in dem Beispiel wäre das links vom Menschen) zurückkehrt.

Aber ein Hund, der nicht leinenführig ist, der wird den von mir mit den gelben Zahlen markierten Weg wählen, weil er sein Ziel nicht so einfach aufgibt. Und so werdet Ihr ihn in der Position 3 ein ganzes Stück hinter Euch her schleppen müssen, bis er sein Ziel aufgibt und sich wieder euch zuwendet.

Genau wie bei der motivierenden Wendung überlasst Ihr ihm die Situation, indem Ihr Euch zwar vom Ziel abwendet, anstatt Euren Hund zu führen.

Führen und leiten

So, das wäre damit dann wohl geklärt. Ihr könnt uns Hunde nur dann ordentlich an der Leine führen und unsere Handlungen überwachen, wenn Ihr uns führt und leitet. Und das am besten auch noch souverän.

Hundesprache

Sagt uns in unserer Sprache, wenn wir ein falsches Ziel verfolgen, ein Ziel rücksichtslos verfolgen oder uns sonst irgendwie ungebührlich betragen: Durch eine einschränkende Wendung.

Ohne, dass Ihr Euer Mundwerk einschaltet. Denn Eure Worte verwirren uns nur oder verraten uns eventuell Eure Unsicherheit, Aufregung oder gar Verzweiflung, was die Wendung an sich nicht gerade souveräner erscheinen lässt.

Lob

Wenn wir die Wendung dann aber angenommen haben, dann dürft und müsst Ihr unbedingt Eure freundlichen Kommentare dazu abgeben. Teilt uns bitte sofort mit, wenn Euch unser Tun gefällt. Das tut Ihr leider viel zu selten.

Sprecht mit uns, wenn Ihr gut mit uns seid – haltet den Mund, wenn ihr böse mit uns seid!

Was Ihr uns denn dann genau erzählt, ist aber sowas von egal. Hauptsache Ihr säuselt irgendeinen Blödsinn in möglichst hohen Tönen. Schon vergessen? Wir verstehen Eure Worte sowieso nicht. Eure Stimmung aber sehr wohl.

Hohe Töne finden wir übrigens deshalb so toll, weil uns das unsere Mami schon ganz früh beigebracht hat:

*Hohe Töne sind toll,
tiefe Töne sind kacke.*

Und auch daran werdet Ihr nichts mehr ändern. Also, Ihr tiefen Herren des Bariton: Hoch mit der Stimme! Dass Ihr hetero seid, könnt Ihr an anderer Stelle beweisen. Uns ist das sowieso egal und was die anderen von Euch denken, interessiert uns ungefähr genau so viel, als wenn in Las Vegas ein Flipper tillt.

Übungen zur Perfektion

Kein Meister ist jemals vom Himmel gefallen. Außer mein alter Kumpel Ben vielleicht, da bin ich mir nicht sicher. Um uns souverän durchs Leben leiten zu können, müsst Ihr leider noch einiges lernen. Und üben, üben, üben ... Uups! Und leider wir natürlich auch!

Anschauen üben

Tja, und da wären wir doch gleich beim Thema. Was wir nämlich unbedingt lernen müssen, ist, Euch anzuschauen. Schließlich würdet Ihr mit einem Menschen, der Euch dauernd ignoriert, auch nicht weiter reden. Ihr würdet Euch fragen: »Was ist das denn für ein arrogantes Arschloch?« und die Unterhaltung beenden. Bei uns Hunden tut Ihr das seltsamerweise nicht. Wir kehren Euch den Rücken zu und wenden uns demonstrativ Interessanterem zu, aber Ihr quatscht immer weiter. Warum Ihr das macht, bleibt wahrscheinlich auf immer und ewig Euer großes Geheimnis. Sei's drum: Ich will Euch trotzdem mal einen kleinen Tipp geben, wie Ihr das unter anderem ändern könnt.

Das Leckerchen-Stuhl-Spiel
Bei dieser Übung braucht Ihr nicht anderes zu tun, als Euch hinzusetzen und darauf zu warten, dass wir Euch anschauen. Ein keiner Tipp vorweg: Euer kleiner Liebling sollte möglichst hungrig sein.

Sucht Euch in Eurer Wohnung einen Tisch (oder etwas entsprechend höheres), den Euer Hund nicht ohne weiteres erklimmen kann. Bei besonders unverschämten Kandidaten sollte es anfangs wohl besser ein hoher Schrank oder ein Regalbrett sein. Für die weitere Beschreibung bleibe ich aber einfach bei der Bezeichnung »Tisch«.

Dann nehmt Ihr einen handelsüblichen Stuhl und stellt diesen in eineinhalb bis zwei Meter Entfernung vom Tisch auf. Mitten auf dem Tisch platziert Ihr die Futterschüssel Eures Hundes, gefüllt mit seinem ganz normalen Trockenfutter, durchmengt mit ein paar kleinen (!) Wurststücken.

Wenn Ihr alle Vorbereitungen getroffen habt, setzt Ihr Euch einfach auf den Stuhl und ignoriert Euren kleinen Liebling so gut Ihr nur könnt. Ihr schaut ihn nicht an, Ihr sprecht ihn nicht an, Ihr schnippt nicht mit den Fingern. Ihr tut also absolut nichts, was seine Aufmerksamkeit erregen könnte. Ihr wartet einfach ab!

Sollte Euer pfiffger Hausgenosse versuchen, das Futter in Selbstbedienung zu erwerben, stellt Ihr die Schüssel einfach höher und setzt Euch wieder hin. Denn es gibt nur eine einzige Möglichkeit, an das Futter auf dem Tisch zu gelangen:

ER MUSS EUCH ANSCHAUEN!

Anfangs belohnt Ihr jeden kleinen, noch so kurzen und beiläufigen Blick Eures verzweifelten kleinen Lieblings. Sobald er Euch anschaut, steht Ihr auf und geht zum Tisch. Dort nehmt Ihr EINEN (!) Futterbrocken aus der Schüssel und rollt ihn, von Eurem Hund weg, über den Boden. In der Zeit, in der er dem Brocken nachjagt, setzt Ihr Euch wieder auf den Stuhl und tut so, als wäre gar nichts gewesen und wartet darauf, dass Euer Hund den nächsten Blickkontakt herstellt.

Genau dann steht Ihr wieder auf und rollt den nächsten Futterbrocken über den Boden. Natürlich dürft Ihr den Moment der Aufmerksamkeit mit einem »Fein« kommentieren oder, wenn Ihr schon mit dem Clicker vertraut seid, dann dürft Ihr den Blickkontakt natürlich auch clicken.

Sinn des Spiels

Euer kleiner Liebling soll bei diesem Spiel lernen, dass es sich lohnt, Euren Blickkontakt zu suchen. Er soll begreifen, dass es nur eine einzige, aber denkbar einfache, Lösung für sein Problem »Wie komme ich an das Futter« gibt:

ICH MUSS MEINE(N) EINFACH NUR ANSCHAUEN!

Aufbau Leckerchen – Stuhl – Spiel

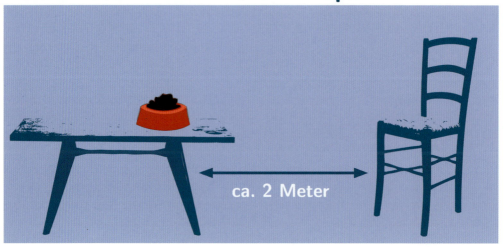

Das erhöht seine Bindung zu Euch und sorgt für eine unerlässliche Voraussetzung für Euer weiteres Training:

***A**UFMERKSAMKEIT LOHNT SICH!*

Spielaufbau

Der Stuhl steht aus zwei Gründen so weit entfernt vom Tisch:

1. Damit sich Euer kleiner Liebling offensichtlich von dem Objekt seiner korrupten Begierde abwenden und Euch zuwenden muss, um erfolgreich zu sein.

2. Damit Ihr Euch keinen Bettler erzieht. Denn wir Hunde denken in Bildern. Und ein Mensch der fast zwei Meter von einem Tisch entfernt auf einem Stuhl sitzt, passt nun so gar nicht zu dem Bild, das entsteht, wenn Ihr beim Frühstück, Mittag- oder Abendessen direkt am Tisch sitzt.

Und warum muss das Leckerchen über den Boden rollen?

1. Damit Ihr genug Zeit habt, Euch wieder auf den Stuhl zu setzen.

2. Damit Euer kleiner Jäger noch mehr Spaß an dem Spiel gewinnt. Durch das Rollen wird aus dem einfachen Futterbrocken automatisch eine tolle Beute. Er jagt ihr hinterher, stellt sie und tötet sie durch Aufessen.

Anforderungen

Damit das Spiel nicht langweilig wird und Euer kleiner Liebling auch nach und nach etwas mehr für seine Beute tun muss, erhöht Ihr behutsam die Anforderung, indem er Euch immer länger anschauen muss, um an das Futter zu gelangen. Dabei dürft Ihr aber nicht zu schnell vorgehen, damit Euer fleißiger Arbeiter nicht die Lust verliert.

Jackpot

Jetzt könntet Ihr natürlich einwenden, dass das aber ganz schön lange dauert, eine ganze Futterschüssel in einzelnen Brocken zu verfüttern. Eventuell werdet Ihr auch feststellen, dass die Motivation immer mehr abnimmt, je voller der Bauch Eures Arbeiters wird.

Abhilfe für beide Probleme schafft der Jackpot, der hier aus der Darreichung der ganzen Schüssel besteht. Wenn Euer Arbeiter besonders eifrig und genau vorgeht und im Vergleich zu seinen vorherigen Leistungen einen guten Fortschritt gezeigt hat, dann ruft Ihr einfach »Jackpot!« und begebt Euch wie gewohnt zum Tisch. Anstatt aber nur einen Brocken zu werfen, nehmt Ihr nun die ganze Schüssel, stellt sie ihm vor die Nase und wünscht ihm einen guten Appetit.

Der Umstand, dass er bei besonders guter Leistung die ganze Schüssel auf einmal haben kann, wird die Motivation und den Arbeitswillen Eures kleinen Lieblings enorm steigern und ganz nebenbei könnt Ihr Euch eine Menge Zeit sparen.

Das geht auch draußen …

Nach und nach wird Euer kleiner Racker durch das Lecker-Stuhl-Spiel merken, dass sich Zusammenarbeit lohnt und Euch auch draußen mehr Aufmerksamkeit schenken – zumindest wenn er entsprechend hungrig ist. Dann liegt es an Euch, das Spiel so abzuwandeln, dass es auch draußen funktioniert und Spaß macht. Dabei dürfen die Leckerchen natürlich auf gar keinen Fall so weit fliegen, dass Euer Hund an der Leine ziehen muss, um sie zu erreichen. Und Ihr habt natürlich keine Futterschüssel, sondern einen Futterbeutel dabei.

Aber bitte recht zügig

Draußen werden die Blicke Eures gestressten Begleiters, zumindest anfangs, nur von sehr kurzer Dauer sein. Wie ich Euch schon verraten habe, können wir Euer Lob und die damit verbundene Belohnung immer nur mit dem Verhalten verknüpfen, das wir gerade in dem Moment zeigen. Und eben nicht mit irgendeinem Verhalten, dass wir irgendwann einmal gezeigt haben. Dieses »Irgendwann« kann für uns schon eine halbe Sekunde oder sogar noch weniger bedeuten.

Ihr habt also nur dann eine Chance, Euren kleinen »Angucker«, für das Verhalten »Anschauen« zu belohnen, wenn Ihr Euer Lobwort (oder den Click) genau in dem Moment raushaut, wenn der Blickkontakt noch besteht. Danach – und sei es nur eine zehntel Sekunde später – belohnt Ihr die Handlung, die er eben dann ausführt: Zum Beispiel das Schnüffeln auf dem Boden oder das Fixieren eines Gegners oder sonst irgendwelche Dinge, die Ihr eigentlich gar nicht haben wollt.

Einschränken üben

So dumm das klingt und auch aussieht: zunächst solltet Ihr das Einschränken ohne störenden Hund üben. Denn nur dann könnt Ihr Eure Bewegungen ordentlich koordinieren und nach und nach perfektionieren. Am eigenen – unerzogenen – Hund und ohne eine versierte Aufsichtsperson zu üben, geht meistens schief. Ihr könntet im schlimmsten Fall sogar auf Euren Hund fallen und der wird dann erst recht ziehen. Und zwar seitlich von Euch weg, weil er Angst davor hat, erschlagen zu werden.

Trockenübung

Ihr fangt einfach damit an, ohne Euren Hund an bestimmten, vorher festgelegten Punkten um 180° die Richtung zu wechseln. Solch ein Punkt kann eine bestimmte Fliese in Eurer Wohnung, eine bestimmte Bordsteinplatte oder auch ein Stein / Ast auf einem Weg sein. Dabei achtet Ihr darauf, dass Ihr diesen Punkt mit Eurem Fuß auch genau trefft. Und zwar mit dem Fuß, in dessen Richtung Ihr wenden wollt. Also mit dem LINKEN, wenn Ihr nach links wenden wollt und mit dem RECHTEN, wenn Ihr nach rechts wenden wollt.

Drei Schritte

Anfangs werdet Ihr für eine solche Wendung viel Platz und noch mehr Schritte brauchen. Am Ende sollen es aber nicht mehr als ein halber Meter Radius und genau drei Schritte für jede Wendung sein. Weniger als drei Schritte können es nicht sein, weil Ihr sonst hüpfen müsstet.

Doch nur wenn die Wendung erstens eng genug und zweitens konsequent genug ausgeführt wird, bringt sie auch den gewünschten Erfolg.

Übung macht den Meister

Wenn Ihr jetzt sagt: »Ich werde doch noch um die Ecke laufen können«, dann kann ich Euch gut verstehen. Und einige von Euch werden sich sicherlich auch leichter mit der Wendung tun als andere. Ich denke da an solche von Euch, die zum Beispiel Fuß-, Hand- oder Basketball spielen. Aber auch solche schon von vornherein recht fitten »Einschränker« sind einem ganz normalen Durchschnittshund absolut unterlegen, wenn sie nicht genau wissen, was sie da tun und worauf sie zu achten haben. Ein ganz bekannter Fußballspieler, ich glaube er hieß Ronaldo oder so ähnlich, hat mal mit einem Kollegen gewettet, dass er einen Fußball fünf Minuten vor dessen Jack-Russell-Terrier »Jake« abschirmen kann. Dieser Ronaldo hatte wirklich gute Chancen, denn er war der beste Fußballspieler der Welt und Jake war erst fünf oder sechs Monate alt. Ha! Nach 30 Sekunden hatte Jake den Ball nicht nur berührt, sondern Ronaldo rannte hinter ihm und den Ball her, um ihn wieder zu kriegen. Ich muss wohl nicht erwähnen, dass Jake seine Trophäe nicht wieder abgegeben hat.

*A*LSO ÜBT BITTE SO LANGE, BIS *I*HR DAS MIT DER *E*INSCHRÄNKUNG 1A DRAUF HABT.

Und dann mit Hund

Erst wenn das dann in der Trockenübung super klappt, nehmt Ihr Euren treuen Freund dazu und übt die Wendung in einer möglichst ablenkungsfreien Umgebung mit ihm. Das kann die Wohnung sein, der Garten oder eine abgelegene Wiese. Setzt Euch auch hier Punkte, an denen Ihr wenden wollt! Nur dann könnt Ihr Euch selbst überprüfen.

Erst wenn Ihr die Wendung dann richtig gut drauf habt, könnt Ihr damit anfangen, sie auch in solchen Situationen einzusetzen, in denen Ihr sie braucht.

Falls Euch das nicht schnell genug geht, kann ich Euch auch nicht helfen. Und wenn man mal bedenkt, wie lange Euer kleiner Esel Euch schon durch die Gegend zieht, machen die paar Tage nun auch nichts mehr aus.

Unsere Stärken sind Eure Schwächen

Wir sind Euch, was die Schnelligkeit und die Sinnesleistung angeht, weitaus überlegen. Diesen Nachteil könnt Ihr nur durch Konsequenz und vorausschauendes und überlegtes Handeln ausgleichen. Sonst habt Ihr leider keine Chance, das könnt Ihr mir glauben.

Konsequenz

Eigentlich ist das auch eine Eurer Schwächen. Aber da müsst Ihr einfach mal die Zähne zusammenbeißen und Euren eigenen Schweinehund überwinden. Ich hoffe, dass ich Euch schon klar genug gemacht habe, wie wichtig für uns Hunde Euer konsequentes Handeln ist.

Immer und sofort

Am einfachsten wäre es für Euren Hund, wenn Ihr von nun an jedes Ziehen an der Leine mit einer einschränkenden Wendung und dem damit verbundenen Entfernen von seinem Ziel quittiert. Zumindest sollten aber neun von zehn seiner Versuche, durch Ziehen und Zerren weiterzukommen, in einem Misserfolg enden.

Je schneller Ihr darauf reagiert, umso wirkungsvoller wird Eure Wendung sein.

Vorausschauen

Einen dicken Zeitvorteil könnt Ihr Euch dabei schon von vornherein sichern, wenn Ihr einfach ein bisschen mehr darauf achtet, wo und in welchen Situationen Euer kleiner Liebling gedenkt, in die Leine zu laufen.

Gleich geht's wieder los! Suri erblickt den frontal auf sie zulaufenden Hund und wird die arme Sina schon wenig später hinter sich her zerren.

An bestimmten Orten

Damit meine ich auch bestimmte Orte, an denen er immer wieder losstürmt. Zum Beispiel direkt bei Verlassen des Hauses. Den ersten Laternenmast oder Baum auf Eurem Gassiweg. Das Haus Nummer 36, hinter dessen Zaun meistens der Rottweiler wartet. Und all die Stellen, an denen Euer Hund IMMER zieht.

In bestimmten Situationen

Aber auch wenn Ihr in fremden Gegenden spazieren geht, gibt es bestimmte örtliche Gegebenheiten, an denen die Leine sich mit einhundertprozentiger Sicherheit spannen wird: parkende Autos, Einfahrten, Kreuzungen, Hecken, Mauern, Pipiecken ...

Seid darauf gefasst. Seid auf der Hut. Und handelt!

Je schneller Ihr reagiert, umso besser. Denkt an die kleinen Erfolge. Jeder Meter – ach was sag ich – jeder Zentimeter zählt!

Ruhe bewahren und Mund halten

Kommentiert nur die kurzen Momente, in denen Ihr Euren kleinen Racker lieb habt. Die Momente, in denen er voll und ganz bei Euch ist. Und schweigt, wenn er die Bindung aufkündigt. Sofort!

Ihr werdet merken, dass die Zeiträume in denen er Euch verliebt anschaut, immer häufiger und länger werden. Das habt Ihr Euch ja auch verdient, schließlich habt Ihr hart dafür gearbeitet.

Gelände und Bauten ausnutzen

Immer nur wenden bringt Euch natürlich auch nicht weiter, denn so werdet Ihr niemals vorwärts kommen. Gut, die ersten Spaziergänge werden nach meiner Methode sicherlich sowieso etwas länger dauern. Aber, da ich ja auch weiß, wie schnell Ihr Menschen Eure Geduld verliert und damit die ganze schon geleistete Arbeit in die Tonne tretet, will ich mal nicht so sein und Euch einen Geheimtrick verraten.

Dazu hat Euch der alte Mann, an den viele von Euch glauben, Bäume und Hecken geschenkt und nette Mitmenschen haben dazu auch noch Häuser, Mauern und Zäune gebaut – oder Autos abgestellt.

Suri macht den Punkt, indem sie in die Einfahrt zieht. Das hätte Sina leicht verhindern können, wenn sie Suri auf der abgewandten Seite (hier: rechts) geführt hätte.

Ulla schränkt hier ihren Moritz an einem Baum ein. Weil Moritz zuvor an der Leine gezogen hat, hat sie ihn mit zwei schnellen Schritten überholt und ist einfach vom Weg abgebogen. Jetzt geht Ulla so eng am Baum vorbei, dass Moritz nichts anderes übrig bleibt, als zu bremsen und hinter ihr herzulaufen.

Wer in brenzligen und unübersichtlichen Situationen, wie solch einem Trampelpfad, vorn läuft, behält die Kontrolle.

Einschränken ohne Umkehren
Nutzt diese Dinge! Führt Euren Hund einfach so, dass Ihr, sobald er die Leine zu spannen versucht, einen Schritt in seine Richtung macht und ihn so am Weiterlaufen hindert. Das funktioniert natürlich nur, wenn das Hindernis auf der Seite Eures Hundes steht. Auch hier sind also Eure Intelligenz und Eure Besonnenheit gefragt.

Das Kommando »Hinten«
Auf besonders engen Wegen oder an bestimmten Engstellen könnt Ihr Eurem Racker dazu auch ein weiteres Kommando beibringen. Es dient dazu, dass der Azubi sich hinter dem Chef einordnet und brav hinter ihm herdackelt, bis die Situation es zulässt, dass die beiden die Welt wieder nebeneinander erkunden können.

Anfangs mit Leckerchen
Um das Kommando »Hinten« anzulegen und zu üben, sucht Ihr Euch einfach einen – anfangs recht kurzen – Weg, auf dem nur einer von Euch beiden vorne lau-

fen kann. Kurz vor Erreichen dieses Weges kramt Ihr ein Leckerchen heraus und haltet es in Eurer Hand direkt vor die Mitte Eures Hinterns. Läuft Euer Hund jetzt hinter Euch her und überholt Euch nicht, haltet Ihr kurz vor dem Ende des Weges an und gebt ihm das Leckerchen, solange er noch hinter Euch ist. Dazu könnt Ihr von mir aus auch schon wieder Euer Mundwerk einschalten und etwas Ähnliches wie »Fein hinten« von Euch geben.

Überholen verboten!
Sollte der kleine Möchtegern versuchen, Euch zu überholen, macht Ihr Euch so breit wie ein gewisser Fisicella vor einem gewis-

Das Kommando »Hinten«

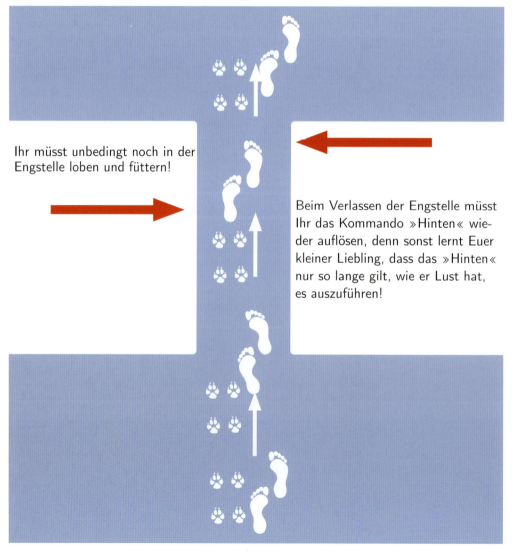

Ihr müsst unbedingt noch in der Engstelle loben und füttern!

Beim Verlassen der Engstelle müsst Ihr das Kommando »Hinten« wieder auflösen, denn sonst lernt Euer kleiner Liebling, dass das »Hinten« nur so lange gilt, wie er Lust hat, es auszuführen!

sen Herrn Schumacher bei einem Formel-1-Rennen in Monaco und teilt ihm damit unmissverständlich mit: »Du komms hier nich durch!«

Kurz vor dem Ende des Weges bremst Ihr ihn dann endgültig aus und er bekommt trotzdem das Leckerchen – natürlich nur solange er noch hinter Euch ist.

Wortkommando kommt dazu

Das Sichtzeichen für dieses Kommando ist einfach die auf den Hintern gehaltene Hand. Nun sieht das aber nicht besonders cool aus und deshalb solltet Ihr vielleicht doch noch ein Wortkommando konditionieren. Das macht Ihr aber am besten erst dann, wenn der Nachläufer begriffen hat, dass er hinter Euch herlaufen soll und dass sich das sogar lohnt. Ihr sagt das »Hinten« also erst dann, wenn er schon fast nicht mehr versucht, Euch zu überholen: am Ende des Weges, kurz vor der Belohnung. Nach und nach sprecht Ihr das »Hinten« dann immer früher aus, sodass Ihr es bald auch schon vor Betreten des engen Weges sagt und der Azubi sich daraufhin sofort hinter Euch einordnet und Eure Vorfahrt anerkennt.

Verschiedene Wege

Glaubt aber bitte nicht, dass Euer Hund das automatisch auf alle Engstellen überträgt bzw. das Kommando sofort überall ausführen kann, wo Ihr das wollt. Dazu müsst Ihr es immer wieder an verschiedensten Stellen üben und dabei auch immer wieder von vorn anfangen. Wir Hunde verknüpfen die Orte nun mal mit. Wir können Verhaltensweisen, die nur an bestimmten Orten geübt wurden, lange Zeit nicht generell auf fremde Orte übertragen.

Splitten und Bogenlaufen

Vorhin habe ich kurz die Situation am Haus Nr. 36 angesprochen. Nun liegt dieses Haus vielleicht dummerweise so, dass Ihr gar nicht anders könnt, als irgendwann daran vorbeizugehen. Tja, dann ist es wohl vorbei mit den guten Vorsätzen.

Quatsch! Dafür hat die Hundesprache das »Splitten« im Wortschatz. Ich hatte es ja vorhin schon mal erwähnt. Im konkreten Fall von Haus Nr. 36 sieht das Splitten mit anschließendem Bogenlaufen so aus:

1   Ihr wechselt, weit bevor Euer kleiner Liebling sich seinem Ziel zuwendet und dies durch Spannen der Leine kundtut, die Führseite, sodass Ihr auf dem gedachten Weg zum Haus Nr. 36 zwischen dem Zaun und Eurem kleinen Randalierer lauft.

2   Denkt aber daran, dass Ihr unbedingt vor Eurem Hund kreuzt bzw. der Hund hinter Euch und auf keinen Fall umgekehrt!

3   Noch bevor Euer kleiner Freund Anstalten macht zu ziehen, spätestens aber dann, wenn er das tut, wechselt Ihr die Straßenseite. Auch dort führt Ihr ihn weiter auf der dem Haus Nr. 36 abgewandten Seite.

4 Euer Hund wird jetzt sehr viel gelassener, wenn auch noch nicht total entspannt, an Haus Nr. 36 vorbeigehen und das kommentiert Ihr dann, ab einer gewissen Gelassenheit, wieder freundlich.

5 Nachdem Ihr Haus Nr. 36 passiert habt, kehrt Ihr unbedingt wieder auf die ursprüngliche Straßenseite zurück. Auch dann wenn Ihr eigentlich auf der Ausweichseite bleiben könntet.

Bogen laufen

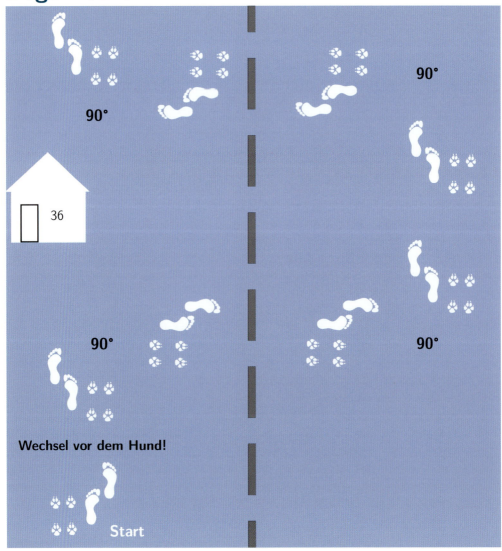

Denn nur dann seid Ihr einen Bogen um den potenziellen Aggressor in Haus Nr. 36 gelaufen und habt diesem dadurch mitgeteilt, dass Ihr keine Bedrohung darstellt und sein Territorium anerkennt. Dieses Vorgehen kann sogar dafür sorgen, dass auch der Rotti Euer Vorbeigehen etwas ruhiger hinnimmt. Auf jeden Fall zeigt es aber Eurem Azubi, dass Ihr die Situation im Griff habt und entsprechend besonnen und konsequent agiert und führt.

Bogen verkleinern

Nach und nach könnt Ihr den Bogen immer weiter verkleinern, indem Ihr immer später auf die andere Seite wechselt und immer früher wieder zurückkehrt. Und irgendwann könnt Ihr sogar splittend an Haus Nr. 36 vorbeilaufen, ohne die Straßenseite zu wechseln. Doch bis dahin ist es noch ein langer Weg und wenn Ihr es zu früh versucht, geht das mit Sicherheit in die Hose, das kann ich Euch jetzt schon sagen.

Anschauen nicht vergessen

Bei allen Übungen und Erfolgen solltet Ihr eines nicht vergessen: Das Anschauen!

Euer Hund soll Euch anhimmeln und nicht umgekehrt! Schon vergessen? Na, gut. Fördert das Anschauen immer wieder und wieder und wieder. Es sichert Eure Position und solange Euer kleiner Liebling Euch anhimmelt, kann er sich nicht um andere Dinge kümmern. Wir Hunde sind nämlich nur sehr beschränkt multitaskingfähig. Egal ob Rüde oder Hündin. Wir können uns nur auf eine Sache konzentrieren und wenn Ihr das seid, umso besser.

Anschauen als Kommando

Ganz viel später könnt Ihr dann irgendwann sogar ein Kommando »Anschauen« konditionieren. Das wirkt besonders bei durch Angstzustände entstandenem Fehlverhalten, aber auch bei sogenannten Hassbegegnungen. Dazu geht Ihr wieder so vor wie schon beim »Hinten«. Denn erst dann, wenn Euer Hund begriffen hat, dass das Anschauen sich lohnt und es immer öfter gerne zeigt, kann er – zunächst ausschließlich ohne Ablenkung – lernen, was Ihr mit diesem Wort meint. Als Sichtzeichen könnt Ihr zum Beispiel Euren Zeigefinger unter Euer Auge halten.

Anschauen als Notkommando

Ist das Kommando dann gelernt und begriffen, könnt Ihr es auch in brenzligen Situationen benutzen. Nehmen wir mal an, Euer kleiner Herkules hat aus irgendeinem Grund Angst vor Pferden und die Begegnungen mit diesen Tieren verlaufen ganz und gar unentspannt. Dann könnt Ihr natürlich einen Bogen laufen und splitten, aber in dem Moment, wo der Reiter vorbeigaloppiert, fliegt Euer Angsthase vielleicht trotzdem immer wieder aus der Hose. Dann ist es wohl besser, Ihr lasst ihn auf dem Zenit des Bogens auf der vom Pferd abgewandten Seite sitzen und Euch anschauen. So ist er von dem Pferd und dessen Bewegung und den damit verbundenen Geräuschen abgelenkt und Ihr habt eine sehr viel größere Chance, Euren kleinen Liebling für dessen Handeln zu belohnen.

Das Gelbe vom Ei ist dieser kleine Trick zwar nicht, aber er sorgt zumindest dafür, dass sich Euer kleiner Choleriker nicht weiter in die Situation hineinsteigert und sich somit zwangsweise selbst in seinem Verhalten bestätigt.

Die Tricks meiner Kollegen

Wir Hunde wären nicht der beste Freund des Menschen geworden, wenn wir nicht in der Lage wären, all Eure Stärken und Schwächen zu erkennen. Schließlich muss ein Freund über den anderen gut Bescheid wissen.

Und manchmal gilt es auch, die eine oder andere Schwäche zu nutzen, um – im wahrsten Sinne des Wortes – nach vorn zu kommen. Da ich genau Bescheid weiß und vermute, dass manche meiner Kollegen alles daran setzen werden, weiter vorn zu bleiben, will ich Euch lieber warnen:

UNTERSCHÄTZE DEINEN KLEINEN IRRWISCH NICHT!

Unbeobachtete Momente – Ablenkung

Seid Euch sicher: Euer kleiner, süßer Liebling wird alles daran setzen, herauszufinden, ob die neuen Regeln denn nun wirklich immer und überall gelten. Und es wird der Zeitpunkt kommen, an dem Ihr durch irgendetwas abgelenkt zu sein scheint. Ihr

Beim Überqueren einer Straße ziehen die meisten Hunde. Sie spüren Eure Anspannung ganz genau und zudem haben sie gelernt, dass ihnen hier keine Konsequenzen drohen. Ein fataler Irrtum, wenn doch mal ein Auto kommt und der Hund sich nicht bremsen lässt.

telefoniert mit dem Handy – na, dann wollen wir doch mal sehen, ob Ihr dann genau so gut aufpasst. Ihr unterhaltet Euch mit Eurer Begleitung – oh, das trifft sich gut, ich wollte nämlich mal eben ganz dringend zu dem Busch da drüben. Ihr achtet auf den Verkehr – dann achtet Ihr mal weiter.

All diese Momente werden kommen. Es liegt an Euch, sie so herbeizuführen, dass Ihr Euren Hund dabei an der Nase herumführt. Stellt ihn auf die Probe und seid wachsam wie ein Hund! Nur, wenn Ihr ihn davon überzeugen könnt, dass Ihr immer und ständig hellwach seid und auf jede Überraschung gefasst seid, wird in Zukunft jeder Spaziergang zum Vergnügen.

Kreuzen
Auch wenn Euer treuer Begleiter das Leinenziehen längst aufgegeben hat, wird er hier und da immer noch einmal versuchen, ganz zufällig Euren Laufweg zu kreuzen. Denkt an das Tischtennis: Schenkt von mir aus ganz gelassen den einen oder anderen Punkt her. Verliert von mir aus auch mal einen ganzen Satz. Aber kämpft um die Bigpoints – die wichtigen, spielentscheidenden Punkte. Das Kreuzen ist einer davon, das könnt Ihr mir glauben.

Leinenbeißen
»Du kontrollierst mich? Du?!? Ich fasse es nicht. Das passt überhaupt nicht zu Dir. Bisher war doch ich derjenige ... Das ist ja wohl die Höhe!«

Vor allem, wenn Ihr nicht auf mich gehört habt und die Maßnahmen zu Hause nicht umgesetzt habt, dann wird Euer Hund sehr wahrscheinlich über kurz oder lang anfangen, sich in die Leine zu verbeißen. Er kommt einfach nicht damit klar, dass Ihr jetzt da draußen in der gefährlichen Welt versucht, ihn zu kontrollieren. Sein Stresspegel trägt ebenfalls dazu bei, sich gegen diese Unverschämtheit zur Wehr zu setzen.

Denn das Leinenbeißen ist ein ganz eindeutiges Stresssymptom. So gilt es langfristig, die in Frage kommenden Stressoren aufzuspüren und auszuschalten, da Ihr es ansonsten sehr schwer haben werdet, Euren gestressten Freund davon zu überzeugen, dass das Leinenbeißen unerwünscht ist. Als kurzfristige Sofortmaßnahme hilft nur Ignoranz: Lasst die Leine fallen und stellt Euch auf das Ende. Verschränkt die Arme und schaut in den Himmel. So lange, bis die Zergelei aufhört. Dann nehmt Ihr die Leine wieder auf und lauft weiter als wäre nichts gewesen. Erneutes Zergeln quittiert Ihr immer wieder genauso. Als weitere, kurzfristig wirkende, Maßnahme, könnt Ihr die Leine einfach so kurz fassen, dass er nicht hineinbeißen kann, ohne Eure Hand dabei durchzubeißen.

Aber das Zergeln wird nie ganz aufhören, wenn Ihr nicht dafür sorgt, dass der Stresspegel Eures Hundes sinkt.

Der Durchstarter

Irgendwann springt der Durchstarter mit etwas Anlauf in die Leine und Ihr seid leider nicht in der Lage, ihn festzuhalten. Und mit etwas Glück hat Euer kleiner Intelligenzbolzen dann messerscharf erkannt, dass er Euer beider Kräfteverhältnis zu seinen Gunsten verändern kann.

Deshalb müsst Ihr solche Attacken unbedingt vorhersehen und sie gekonnt und souverän abwehren. Bitte glaubt nicht an das Gute in Eurem treuen Begleiter, bevor Ihr Euch nicht absolut sicher seid, dass er auch wirklich geheilt ist. Solch ein Versuch wird kommen, da bin ich mir zu einhundert Prozent sicher. Versetzt Euch einfach mal in seine Lage: Selbst, wenn das Ziehen an der Leine nur eine schlechte Angewohnheit wäre, so wird er trotzdem immer wieder versuchen, zum Erfolg zu kommen.

GEWOHNHEITEN, GUTE GENAUSO WIE SCHLECHTE, GIBT MAN NUR UNGERN AUF. EGAL OB MAN EIN MENSCH ODER EIN HUND IST!

Von Anfang an

Bevor Ihr Euch jetzt daran macht, die Regeln innerhalb und außerhalb Eures trauten Heims aufzustellen und vor allem auch zu überwachen und umzusetzen, muss ich Euch unbedingt noch ein paar Tipps mit auf den Weg geben.

Auf geht's!

»Spaziergang! Yeah! Ich freu mich! Los, los! Mach hinne! Boah, das dauert ja wieder! Was soll denn das Halsband? Och Menno! Jetzt aber, ich geh schon mal zur Tür. Was denn jetzt noch? Leine? Brauch ich nicht! Los! Oh, ich bin so aufgeregt! Spaziergang! Spaziergang! ...«

Hört sich das noch ungefähr so an, wenn Ihr Euch mit Eurem Azubi auf den Weg machen wollt? Tut mir leid, aber das müssen wir dann wohl noch grundlegend ändern.

Ich hatte ja schon erwähnt, dass der Spaziergang weder an der Haustür, noch im Auto und schon gar nicht erst im Wald anfängt. Jetzt, da Ihr die nötigen Anordnungen getroffen und Änderungen durchgeführt habt, steht Ihr mit Eurem kleinen Liebling also schon mal vor der Tür. Damit sich diese Türe auch öffnet und Ihr beiden endlich los könnt, gilt es Eurem kleinen Durchstarter schon vor dem Spaziergang ein wenig Contenance abzuverlangen.

Das Ritual

Wie Ihr ja mittlerweile wisst, lernt Euer kleiner Liebling am besten, wenn bestimmte Dinge oder Umstände immer gleich sind. Und somit liegt es nahe, den Anfang eines jeden Spaziergangs zu einem Ritual zu erheben. Ein Ritual, das Ihr erschafft, um künftig schon entsprechend entspannt losgehen zu können.

Dazu macht Ihr zunächst das, was Ihr immer macht, wenn Ihr beiden losgeht: Ihr zieht Eure Sachen an, leint den kleinen Racker an und los geht's. Nur mit einer winzig kleinen Neuerung: Euer kleiner Liebling muss, während Ihr das alles tut, an einer bestimmten, immer gleichen Stelle (zum Beispiel im Flur) sitzen. Von mir aus kann er auch stehen (Geschirr) oder liegen. Aber das dann bitte auch immer. Nicht mal so und mal so. Immer das Gleiche an immer der gleichen Stelle. Zur weiteren Erklärung nehme ich jetzt hier das Sitzen. Ich bin schließlich nur ein kleiner Terrier und irgendwann will ich auch mal zum Ende kommen.

Ihr setzt den kleinen Springinsfeld auf eine von Euch markierte Stelle und geht Euren Gewohnheiten nach. Aber Ihr habt immer ein Auge auf ihn. Steht er auf, kriegt er sofort (!) ein neues »Sitz« an eben dieser Stelle und Ihr fahrt mit Euren Reisevorbereitungen erst dann fort, wenn er genau dort wieder brav sitzt. Steht er wieder auf, setzt Ihr ihn wieder hin. Und wieder. Und wieder. Und wieder.

Dann leint Ihr ihn an, setzt ihn wenn nötig wieder hin und, wenn nötig, auch nochmal. Das Ganze macht Ihr aber so was von cool. Ihr habt Zeit. Ihr müsst nicht Pipi. Ihr nicht. Bleibt ganz relaxed. Gut, anfangs kann es schon mal ein Stündchen dauern, aber da müsst Ihr jetzt leider durch. Morgen geht es schon schneller, da könnt Ihr ein Schweineohr drauf wetten.

Sesam öffne Dich

Wenn Euch das bis hierhin schon stressig war, dann macht lieber zwischendurch nochmal eine kleine Pause. Denn jetzt kommt der Akt, wo die Omma den Oppa packt, wie Meiner immer sagt: Das Öffnen der Türe!

Ihr steht ein bisschen vor und neben Eurem treuen Freund und habt die Leine in der Hand. Nun greift Ihr zur Klinke. »Sitz.« Sitzt er nicht, lasst Ihr die Klinke sofort wieder los und erhebt Euren Zeigefinger. Ihr sagt nichts mehr. Ihr wartet. Bis sich der kleine Revolutionär wieder gesetzt hat. Erst dann fasst Ihr wieder zur Klinke.

Und erst dann, wenn Euer kleiner Liebling brav sitzen bleibt, öffnet Ihr die Türe. Um sie sofort wieder zu schließen, wenn der kleine Vorwitz unerlaubt aufsteht.

Erst, wenn er auch jetzt noch brav sitzen bleibt, erlaubt Ihr ihm aufzustehen und mit Euch zu gehen. Denn Ihr geht zuerst durch die Tür. Jawohl!

Warte kurz, Buddy. Ich check mal eben die Lage ...

Aus der Türe aus dem Sinn

Ja, von wegen! Jetzt geht es erst recht darum, die Kontrolle zu behalten. Schießt Euer kleiner Kontrolleur jetzt wie gewohnt an Euch vorbei, schränkt Ihr ihn sofort ein und bringt ihn wieder rein. Und das ganze Spiel beginnt von vorne.

Falls Ihr in einem Mehrfamilienhaus wohnt, ist der Weg natürlich noch ein wenig beschwerlicher und es gibt in diesem Fall auch zwei Wartepunkte: Einen vor der Wohnungstüre und einen vor der Haustüre. Und bei Nichtgefallen wird der Proband immer wieder auf den zurückliegenden Wartepunkt gebracht. Müsst Ihr mehrere Etagen überqueren, gibt es einen Wartepunkt auf jeder Etage.

Erst wenn Ihr aus der Haustüre entspannt bis zum ersten Sichtpunkt gekommen seid, fängt der Spaziergang jetzt endlich an. Der Sichtpunkt ist dort, wo Ihr den quer verlaufenden Bürgersteig überblicken könnt – Ihr, nicht er!

Bitte einsteigen

Es sei denn, Ihr wollt erst noch mit dem Auto fahren, dann geht Ihr natürlich noch weiter bis zu eben diesem. Jedes Ziehen an der Leine quittiert Ihr bitte mit einer einschränkenden Wendung und der Entfernung vom Auto. Vor dem Auto angekommen verfahrt Ihr dann genau wie vor der Haustüre.

Sitz. Heckklappe anfassen. Sitz. Und erst dann hopp. Aber auch wirklich hopp. Und dann wieder Sitz.

Alles aussteigen

Am Parkplatz angekommen, steigt Ihr wie gewohnt aus. Aber Ihr öffnet die Heckklappe erst, wenn »er« sitzt. Und er muss sitzen bleiben. Bis Ihr sagt, dass er aussteigen darf. Dass er dann schon wieder angeleint sein muss, brauche ich wohl nicht extra zu erwähnen. Oder?!

Und alles wieder umgekehrt

Enden tut der Spaziergang erst dann, wenn Ihr **in** Eurem trauten Heim angekommen seid. Bis dahin gelten weiterhin und bis zum bitteren Ende die Regeln. Mit einer Ausnahme: Die letzte Tür vor den eigenen vier Wänden ist eine ganz Besondere.

Eure Wurfhöhle(n)

Denn hierbei handelt es sich um nichts anderes als um Eure Wurfhöhle. Und eine Hundemama würde niemals als Erstes diese Wurfhöhle betreten, während Ihre Welpen noch draußen stehen. Sie checkt die Gerüche vor der Höhle und wenn sie sicher ist, dass keine fremde Geruchsstraße in die Höhle führt, stellt sie sich vor der Höhle in Position und überwacht peinlich genau, dass Tinki, Pinki, Winki und Stinki auch wirklich dort hineingehen.

Eure Wohnungstüre ist deshalb die einzige Türe – mal abgesehen von der Heckklappe im Auto, aber auch das Auto ist solch ein Ort – die Euer Hund als Erster durchschreiten darf und muss.

An die Arbeit Leute!
Euch allen, die bis hierhin schon mal durchgehalten haben, danke ich für die Geduld. Jetzt liegt es an Euch, alles was ich Euch bis jetzt erzählt habe, auch umzusetzen, bevor Ihr mit dem eigentlichen Training beginnt.

Das Training selbst wird Euch auch nochmal eine Menge abverlangen. Vor allem am Anfang. Viel Arbeit und viele Erfolgserlebnisse warten auf Euch. Natürlich wird es auch Rückschläge geben. Meistens dann, wenn Ihr nicht die nötige Konsequenz walten lasst. Lasst Euch davon nicht entmutigen. Merkt Euch lieber die Erfolge und freut Euch darüber. Ihr werdet sehen: Irgendwann wird alles gut! Da bin ich mir sicher.

Macht's einfach wie ich: Für einen echten Terrier kommt Aufgeben niemals in Frage! Es gibt immer eine zweite Chance. Immer!

Erinnerung
In diesem Buch ist der Übergang von der Theorie in die Praxis ein Leichtes. Ihr braucht nur umblättern und schon seid Ihr mitten im Training. Wie so oft, ist das im wahren Leben nicht ganz so einfach. Bevor Ihr jetzt also an Eurem Finger leckt, um endlich in den Trainingsteil umzublättern, geht bitte noch ein letztes Mal in Euch und überprüft, ob Ihr wirklich alle Maßnahmen getroffen und umgesetzt habt, die ich Euch so sehr ans Herz gelegt und empfohlen habe. Denn erst dann, macht es wirklich Sinn, dass Ihr mit dem eigentlichen Training beginnt. Wenn nicht, dann könnt Ihr Euch die Spucke an Eurem Finger besser sparen!

In diesem Sinne sag ich dann mal bis gleich oder später – wir sehen uns im Trainingsteil …

Euer Bertie

Trainingsteil

Praxisübungen zur Leinenführigkeit

Butter bei die Fische

Ihr habt also die Änderungen im Haus und in Eurem Alltag vorgenommen und wollt jetzt endlich mit dem eigentlichen Training beginnen? Na, da frag ich doch lieber nochmal nach!

Verfolgung

Euer kleiner Schatten folgt Euch jetzt nicht mehr auf Schritt und Tritt durchs Haus? Ihr könnt, wenn Ihr das wollt, überall hingehen und ihn interessiert das nicht die Bohne?
    Gut. Sehr gut.

Schlafplatz

Euer kleiner Liebling schlummert selig auf seinem zugewiesenen Platz und hebt noch nicht einmal mehr eine Augenbraue, wenn jemand durch die Wohnung läuft?
    Noch besser.

Die exponierten Plätze belegt er nicht mehr oder zumindest nur noch sehr selten?
    Super!

Er begibt sich immer und sofort auf seinen Platz, wenn Ihr ihn dort hinschickt?
    Ich bin aber sowas von stolz auf Euch! Ihr seid wirklich klasse! Hut ab ...

Torwächter

Er spielt auch nicht mehr den Pförtner, wenn es klingelt?
    Super, Ihr müsst mir unbedingt verraten, wie Ihr das hingekriegt habt.

Regeln

Ihr stellt nur noch Regeln auf, die Ihr auch durchsetzen könnt und überwacht die Einhaltung dieser Regeln mit äußerster Disziplin und Konsequenz?
    Ich liebe Euch dafür – und »er« oder »sie« wird das auch tun, da bin ich mir sicher!

Schau an, schau an ...

Ihr habt also den Spieß wirklich umgedreht? Euer kleiner Liebling schaut Euch also mittlerweile mindestens genau so oft und verliebt an, wie Ihr ihn?
Yippieahyeah, Schweinebacke!

Na, ja ...

Konntet Ihr diese Fragen wirklich alle mit ja beantworten? Gut. Dann habt Ihr den schwierigsten Teil des Trainings schon hinter Euch. Der Rest ist gut zu schaffen, wenn Ihr Euch an den Trainingsplan haltet und weiter so toll an Euch und Eurem kleinen Liebling arbeitet.

Aber, wenn Ihr all diese Dinge oder auch nur einige davon, noch nicht so wirklich umgesetzt habt, dann bringt Euch auch das beste Training nichts. Macht Euch bitte das Leben nicht schwerer, als es sowieso schon ist.

OHNE DIESE WICHTIGEN ÄNDERUNGEN IN EUREM ALLTAG WIRD ES NICHTS MIT DEN ENTSPANNTEN SPAZIERGÄNGEN!

Trainingsutensilien

Auch auf die Gefahr hin, dass ich mich wiederhole, will ich Euch doch lieber doch nochmal genau sagen, welche Dinge Ihr, außer Eurem Hund und guter Laune, bei jedem Training dabei haben solltet:

Eine mehrfach verstellbare, flache, gut in der Hand liegende Leine

Eure Leine muss nicht schön sein und sie muss auch nicht unbedingt teuer sein. Sie sollte der Größe Eures Hundes angepasst sein und sie darf auf keinen Fall beschädigt sein. Aus welchem Material sie sein sollte, bleibt Euch und Eurem Geldbeutel überlassen.

Eine gute Leine schmiegt sich in Eure Hand und ist griffig. Das ist super wichtig, denn nur so könnt Ihr Euren Hund in jeder Situation sofort stoppen und festhalten. Flache Leinen sind in jedem Fall griffiger als runde. Und je breiter die Leine ist, umso mehr Auflagefläche hat sie in Eurer Hand und desto besser könnt Ihr sie festhalten.

Ein normales, gut angepasstes Halsband (Keinen Würger, keine Kette)

Was für die Leine gilt, gilt entsprechend auch für das Halsband. Zusätzlich müsst Ihr darauf achten, dass der Verschluss zugentlastet ist: Der Ring ist in einer Art Schlaufe angebracht, die die Zuglast auf das gesamte Halsband verteilt. Ist der Ring dagegen nur einfach ins Halsband eingenäht, dann lastet die gesamte Zugkraft auf dem Verschluss und kann diesen, bei entsprechender Belastung, zum Bersten bringen. Bei Lederhalsbändern wird die Zugentlastung durch den Verschluss selbst erreicht, wenn sie denn auch ordnungsgemäß verschlossen werden: Riemen wird durch die Schnalle geführt, eingehakt und wieder durch die nächste Schnalle geführt.

Für den Sitz des Halsbandes gilt die Zweifingerregel: Wenn das Halsband am Hund angebracht ist, dann könnt Ihr Euren Zeige- und Mittelfinger zusammen zwischen Hund und Halsband führen, nicht aber zusätzlich Euren Ringfinger. Nur bei besonders zarten Fingern dürfen es auch drei Finger sein.

Ein eng sitzendes Halsband – die meisten von Euch werden das zu eng finden – ist für den Hund komfortabler als ein zu lockeres Halsband. Denn nur so kann sich der Druck auf den gesamten Halsbereich verteilen. Bei einem zu lockeren Halsband wirkt der gesamte Druck ausschließlich auf den Kehlkopf. Zieht der Hund an, quittiert er das zu lockere Halsband häufig durch krächzende Geräusche, die sich wie eine Art Husten anhören.

Ein gut angepasstes Geschirr

Jawohl beides! Denn das Halsband werdet Ihr nur bei Bedarf in der Doppelführung (Geschirr + Halsband) benutzen. Die Doppelführung erkläre ich Euch später noch genauer.

Es sollte dann aber unbedingt ein Rückengeschirr und kein Schultergeschirr sein, denn nur so kann die Doppelführung die gewünschte Wirkung erzielen.

Kleine, weiche Leckerchen in einer Bauchtasche oder einem Futterbeutel

Keine Plastiktüten! Erstens konditioniert Ihr dadurch Euren Hund auf das Rascheln der Tüte und zweitens dauert es viel zu lange, bis Ihr das Leckerchen aus der Tüte gefummelt habt. Und Ihr werdet, zumindest am Anfang Eures Trainings, richtig schnell sein müssen, um Eurem Zugpferd erklären zu können, dass Ihr es toll findet, wenn die Leine eben nicht gespannt ist.

Die Leckerchen sollten als Erstes schon mal wirklich lecker sein. Und sie sollten unbedingt weich sein, damit Euer kleiner Azubi sie ohne Kauen runterschlucken kann. Jedes Kauen unterbricht den Arbeitsfluss und die Konzentration. Bestens geeignet ist die gute alte Fleischwurst, wenn Euer kleiner Gourmet sowas mag. Aber auch Käsewürfelchen sind meist gern gesehen.

Ach ja: Denkt beim Kleinschneiden bitte daran, dass die Geste zählt und nicht die Größe. Euer kleiner Arbeiter soll schließlich so oft wie möglich für seine guten Taten belohnt werden. In einer Trainingseinheit können das gut und gerne hundertfünfzig Belohnungen sein. Schneidet also lieber so klein, dass Ihr die Leckerchen noch so gerade eben fassen könnt, denn sonst ist Euer kleiner Lehrling schon satt, bevor das Training richtig angefangen hat.

Festes Schuhwerk

Flipflops mögen ja bequem und cool sein, aber hier kommt es darauf an, dass Ihr in jeder Lebenslage und Situation standhaft bleibt. Stellt Euch vor Ihr haltet Euren kleinen Traktor richtig fest, aber es haut Euch aus den Socken – das würde ich dann mal »dumm gelaufen« nennen. Die Flipflops dürfen es erst dann wieder sein, wenn Ihr die Lorbeeren Eurer Arbeit, mit Eurem brav an der Leine laufenden Hund auf der Flaniermeile Eures Ortes erntet. Aber bis dahin ist es noch ein langer und mitunter recht holpriger Weg.

Eine besonders leckere Jackpot Belohnung

Dieser Jackpot muss eine Belohnung sein, die Euer kleiner Arbeiter ausschließlich nur bei besonderen Leistungen erhält. Dazu hält die Futter- und Lebensmittelindustrie in Tuben abgefüllte Leckereien in allen erdenklichen Variationen bereit. Die Tuben haben drei riesige Vorteile: Sie sind lange haltbar (unverbrauchte Jackpots landen also nicht abends in der Futterschüssel), man kann sie ohne Sauerei überall verstauen und mitnehmen und Euer kleines Schleckermaul erhält den Eindruck, er kann sich selbst bedienen (weil er die Tube ableckt, bis nichts mehr da ist). Ob Ihr nun die Hundeleberwurst, den Frischkäse oder die Thunfischcreme nehmt, entscheiden die Geschmacksnerven Eures Gourmets. In jedem Fall sollte es aber eine Tube sein, die Dinger haben sich schon tausendfach bewährt.

(Nur) falls Ihr mit dessen Umgang vertraut seid, auch einen Clicker

Ein Clicker ist ein tolles Werkzeug. Aber nur, wenn Ihr auch wisst, wie man ihn richtig benutzt. Der kleine Beipackzettel hilft Euch dabei wenig. Falls Eure Hundeschule keine speziellen Clickerkurse anbieten kann, in denen Ihr den Umgang mit dem Clicker und seine Philosophie lernt, dann solltet Ihr vorher wenigstens ein gutes Buch darüber gelesen haben. Falls Euch das zu viel Arbeit ist, dann lasst den Clicker einfach weg. Die Gefahr, dass Ihr das Verhalten Eures Hundes nur noch verschlimmert, ist einfach viel zu groß.

Ich vergleiche den Clicker immer gerne mit einem richtig scharfen Messer. Damit kann man tolle Sachen machen und oft ist es sogar unentbehrlich. Bei unsachgemäßem Umgang kann man sich aber auch schnell mal in den eigenen Finger schneiden.

Gib mir mehr davon! Der Jackpot schmeckt Deinem Hund doppelt so lecker, wenn er mit Deiner überschäumenden Freude gewürzt ist!

Das Superlieblingsspielzeug Eures Hundes

Das ist das Spielzeug, für das Euer kleiner Liebling zur Not auch töten würde, um es zu bekommen. Ja, Ihr habt richtig gelesen: Töten! Wenn Ihr diesen Spieler in der Hand habt, sollte er all seine guten Manieren und alles andere um sich herum vergessen. Dieser Spieler muss das absolut Höchste sein, was es für Euren kleinen Racker gibt. Selbst die größte Versuchung muss in Gegenwart dieses Spielers Luft für Euren Hund sein. Sprich: ein Hund mit großen Jagdambitionen lässt den Hasen weiter mümmeln, ein verfressener Müllschlucker lässt die Wurst links liegen und ein Ballfreak bleibt auf einem Tennisplatz brav sitzen, wenn ihm die Bälle nur so um die Ohren fliegen.

Wenn Ihr jetzt denkt »Na, dann brauch ich ja nicht mehr zu trainieren. Ich kann ja dann mit dem Spieler vor seiner Nase spazieren gehen.«, dann solltet Ihr mein Buch lieber nochmal lesen. Oh, je! Ich werde Euch niemals richtig verstehen!

Falls es einen solchen Spieler (noch) nicht gibt und Ihr auch nicht wisst, wie Ihr Euch einen solchen »züchten« könnt, schreibt mir einfach eine E-Mail. Ich schicke Euch dann eine Anleitung dazu.

Begriffe

Vorweg muss ich Euch einige Begriffe erklären, die ich während der einzelnen Trainings immer wieder verwenden werde.

Leinenhand

Wie der Name schon sagt, ist das die Hand, in der Ihr die Leine haltet. Allerdings könnt Ihr Euch diese Hand nicht einfach aussuchen, sondern das ist immer die Hand, neben der Euer Hund im Moment nicht läuft. Läuft er also links von Euch, ist es Eure rechte Hand, läuft er gerade rechts von Euch, ist es Eure linke Hand. Wechselt Euer kleiner Liebling (natürlich nur hinter Euch, denn vor Euch kreuzen ist ja verboten) die Seite, wechselt Ihr auch sofort die Leinenhand.

Haltet die Leine möglichst etwas oberhalb Eurer Hüfte. Nur, wenn Ihr die Leine stets in der gleichen Höhe haltet, kann Euer kleiner Mathematiker die Länge der Leine abschätzen und so, von sich aus, das Ziehen vermeiden.

Verzeihung, aber so geht es nun wirklich nicht! Die Leine in der falschen Hand und dann auch noch an zwei Fingern. Abgesehen davon, dass er seinen Hund so niemals richtig festhalten kann, riskiert er auch noch einen schmerzhaften Sehnenabriss – Aua! Noch dazu ist die Leine beschädigt – ich fass es nicht! Ganz davon abgesehen, dass die Leine bei einer Doppelführung nochmals ganz anders gehalten werden muss. Wie das geht, erkläre ich Euch später noch ganz genau.

Mercedes macht das schon wesentlich besser! Leine in der abgewandten Hand auf Hüftspeckhöhe. Allerdings kann sie froh sein, dass ihr Ziro so ein braver Geselle ist: Würde Ziro nämlich überraschend anziehen, könnte sie ihn niemals festhalten, weil sie die Leine nicht in der Schlaufe festhält, sondern die aufgewickelten Schlaufen umfasst. Würde Ziro also plötzlich losrennen, wäre er mit Leine weg und Mercedes würde – Ihr wisst schon wie – aus der Wäsche gucken.

Wie es richtig geht, zeigen euch drei Mädels aus unserem Kinderkurs!
Maite, Lea und Lale (von rechts nach links) halten die Leinen am äußersten Ende fest in der abgewandten Hand und zeigen ihren Hunden mit der Zeigehand, wo es lang geht. Für die Kurve musste Lale mal kurz in die Leine greifen, um ihre kleine Nelly auf Kurs zu halten, ist aber gerade dabei diese wieder loszulassen. Bravo, Ihr Kinder! Genau so macht man das und nicht anders. Da können sich die Erwachsenen mal 'ne richtig dicke Scheibe von abschneiden.
Ich bin sehr stolz auf Euch!

Sofortiger Stopp

Nur, wenn Ihr die Leine stets korrekt in der vom Hund abgewandten Hand haltet, könnt Ihr Euren kleinen Traktor auch überall, sofort und unmittelbar stoppen, wenn er die Leine spannt. Und genau das müsst Ihr auch, wenn Ihr verhindern wollt, dass er weiterhin Punkte durch das Ziehen an der Leine sammelt.

Der Stopp selber funktioniert dann recht einfach und hat überhaupt nichts mit Kraft zu tun, selbst wenn es sich um einen kräftigen Traktor handelt. Ihr führt Eure Leinenhand ein wenig hinter Euren Hüftspeck, also in Richtung Eures Rückens und stellt Euer dem Hund zugewandtes Bein einen halben Schritt nach vorn. Zusätzlich dreht Ihr Euch dabei ein wenig vom Hund weg und schon kommt er nicht einen Zentimeter näher an sein Ziel heran.

Übt das Stoppen bitte! Es ist superwichtig für Euren Erfolg und zugleich die Grundlage für die vielen (kontrolliert durchzuführenden) einschränkenden Wendungen, die Ihr noch vor der Brust habt.

Zeigehand

Das ist die Hand, die dem Hund am nächsten ist. Er soll schließlich sehen, was Ihr ihm zeigen wollt. Und das kann er nur dann wirklich gut, wenn er die Zeigehand auch sehen kann. Würdet Ihr mit der anderen Hand zeigen, müsste er Euch immer vor die Füße laufen, um diese Hand sehen zu können. Ihr würdet ihn also immer wieder dazu zwingen, Euch vor die Füße zu laufen …

Im Notfall dient die Zeigehand dann auch dazu, in die Leine greifen zu können, um die einschränkende Wendung möglichst kontrolliert ausführen zu können. Wohlgemerkt im Notfall! Eine Wendung ohne Leineneinsatz beeindruckt uns hundert Mal mehr als eine durch die Leine erzwungene. Allerdings solltet Ihr auch nicht zu früh auf die Sicherheit, die Ihr durch das Eingreifen erlangt, verzichten. Schließlich wirkt die Wendung nur dann, wenn Ihr sie kontrolliert durchführt und jederzeit Herr der Lage seid.

Doppelführung

Die Doppelführung braucht Ihr nur, wenn Ihr mit Halsband und Geschirr oder mit Kopfhalfter und Geschirr führen wollt bzw. müsst. Denn die Doppelführung macht genau dann wirklich Sinn, wenn Euer Hund es immer wieder schafft, sich Eurer einschränkenden Wendung durch eine geschickte Drehung zu entziehen. Da wäre dann zunächst einmal die Doppelführung mit Geschirr und Halsband angesagt.

Dazu reicht es aber nicht, einfach nur die beiden Karabiner einzuhängen, sondern die Doppelführung verlangt äußerstes Fingerspitzengefühl von Euch, wenn Ihr damit den gewünschten Erfolg erzielen wollt. Ich erklär das am besten mal am Beispiel eines links geführten Hundes ...

Beispiel: Hund läuft links neben Euch
Beim links geführten Hund haltet Ihr die Halsbandleine mit der rechten Hand und die Geschirrleine mit der linken Hand. Im Prinzip also genau umgekehrt wie bei der normalen Führung.

Dabei haltet Ihr die Leine so, dass Euer kleiner Traktor selbst immer nur die Geschirrleine spannt, wenn er zieht. Um das zu überprüfen, lauft Ihr vor jedem Start einfach einen halben Schritt rückwärts, wenn Euer Hund neben Euch steht. Spannt sich nur der Teil der Leine zwischen Eurer linken Hand und dem Geschirr, haltet Ihr die Leine erst einmal richtig. Spannt sich auch (oder sogar nur) der Teil der Leine zwischen Eurer rechten Hand und dem Halsband, haltet Ihr die Leine falsch. Damit Ihr diese Prüfung nicht jedesmal vornehmen müsst, markiert Euch am besten die beiden Griffe an der Leine mit farblich unterschiedlichem Isolierband oder etwas Acrylfarbe.

Beim rechts geführten Hund läuft alles genau umgekehrt!

Was regelt Ihr womit?
Alles, was nach vorn oder nach hinten zieht, wird von Euch über das Geschirr registriert. Sobald sich der Teil der Leine zwischen Eurer linken Hand und dem Geschirr spannt, leitet Ihr sofort die einschränkende Wendung ein. Da kommt dann Eure rechte Hand mit zum Einsatz. Die führt Ihr einfach über den Kopf Eures Hundes nach links. Gleichzeitig zieht Ihr mit Eurer linken Hand das Geschirr etwas nach rechts hinten. So habt Ihr einen wunderbaren Hebel und helft Eurem Hund ein wenig, die Wendung anzunehmen.

Ganz und gar nicht bequem
Damit Ihr den Kopf Eures Hundes auch wirklich nach rechts führen könnt, darf die Halsbandleine nicht zu lang gefasst werden. Häh? Hatte ich nicht gerade noch gesagt, dass sie länger sein muss als die Geschirrleine? Ja, stimmt. Das habe ich. Die Lösung

Hier ist die Leine zwar an Halsband und Geschirr eingehängt, wird aber leider falsch benutzt. Denn beide Leinenteile sind gespannt. Bei einer korrekten Doppelführung darf die Halsbandleine niemals zum Festhalten des Hundes benutzt werden, sondern ausschließlich dazu, ihm bei der Wendung den rechten Weg zu weisen.

des Problems liegt in der Haltung Eurer rechten Hand: Die müsst Ihr nämlich dauernd auf der Höhe Eures linken Oberschenkels halten!

Und das ist sowas von unbequem und sieht aber sowas von behindert aus, dass die meisten von Euch an dieser Doppelführung scheitern werden, wenn sie keinen Trainer haben, der sie auf ihre Fehler immer wieder hinweist.

Kopfhalfter (Halti®)

Apropos Trainer! Den Umgang mit einem Kopfhalfter müsst Ihr Euch vorher unbedingt von einem versierten Trainer zeigen lassen. So ein Kopfhalfter eignet sich recht gut dazu, das Kräfteverhältnis von 60 kg Hund gegen 50 kg Mensch im Training so lange zum Vorteil des Menschen auszugleichen, bis der Hund das Training verstanden und angenommen hat.

Das tut es aber nur dann, wenn Ihr auch genau wisst, was Ihr da tut und damit ordentlich umgehen könnt. Benutzt Ihr das Kopfhalfter ohne fachliche Anleitung, werdet Ihr mit Sicherheit grobe Fehler machen, die Euren kleinen Liebling nur unnötig stressen und so den Trainingserfolg unmöglich machen.

Entdeckerruf

Diesen Ruf werde ich Euch noch genauer erklären, wenn Ihr ihn braucht. Nur so viel: Er sollte auf keinen Fall in Eurem Wortschatz auftauchen und Ihr müsst ihn so euphorisch und motivierend wie nur irgend möglich rufen. Und er muss immer gleich klingen. Denn nur dann wird Euer kleiner Traktor ihm wichtiger erscheinende Ziele außer Acht lassen und diesem Euren Ruf folgen. Natürlich dürft Ihr diesen Ruf aber niemals benutzen, wenn Ihr nichts Besonderes entdeckt habt. Schließlich soll Euer Hund lernen, dass es sich unbedingt und immer lohnt, diesem Ruf zu folgen.

Wechseln vor dem Hund

Ja. Ich habe Euch gesagt, dass Euer Hund nicht vor Euch herlaufen darf. Auch nicht dann, wenn er die Seite wechseln möchte. Ich habe aber nicht gesagt, dass Ihr ihn an der Leine hinter Euch auf die andere Seite zerren sollt, wenn er auf der anderen Seite laufen soll. Nein, das habe ich nicht.

Ich habe Euch aber auch noch nicht gesagt, wie Ihr es schafft, ihn ohne den Einsatz der Leine auf die andere Seite zu bringen. Das habe ich aber nur deshalb nicht gemacht, um Euch nicht gleich zu überfordern. Obwohl das im Prinzip eigentlich ganz einfach geht. Ihr müsst nur ein bisschen schnell sein.

Nehmen wir mal an, Euer Hund läuft rechts neben Euch her, soll aber aus guten Gründen jetzt lieber mal auf Eurer linken Seite laufen. Der Wechsel vor dem Hund beginnt mit einer Einschränkung: Ihr macht einen Schritt in den Laufweg Eures Hundes und dreht Euch dabei um 180° zu ihm um. So steht Ihr dann frontal vor ihm. Das bedeutet in unserer Sprache nichts anderes als in Eurer: Du kommst hier nicht durch! Halt! Keinen Schritt weiter!

Aber Ihr wollt ja nicht ewig so stehen bleiben, sondern Ihr wollt die Führseite Eures Hundes wechseln. Dazu wechselt Ihr in dieser Frontalstellung schon mal ganz entspannt die Leinenhand. Dann macht Ihr aus der 180° Drehung (vor den Hund), fix eine 360° Drehung wobei Ihr wieder einen Schritt aus dem Laufweg des Hundes heraus macht und helft ihm mit Eurer (neuen) Zeigehand – anfangs hilft Euch dabei ein Leckerchen – den richtigen Weg zu finden.

Und schon habt Ihr die Führseite gewechselt, ohne dass Ihr dabei die Leine benutzen und ihn hinter Euch herschleifen musstet. So gewechselt, versteht selbst der dümmste

Wechsel vor dem Hund

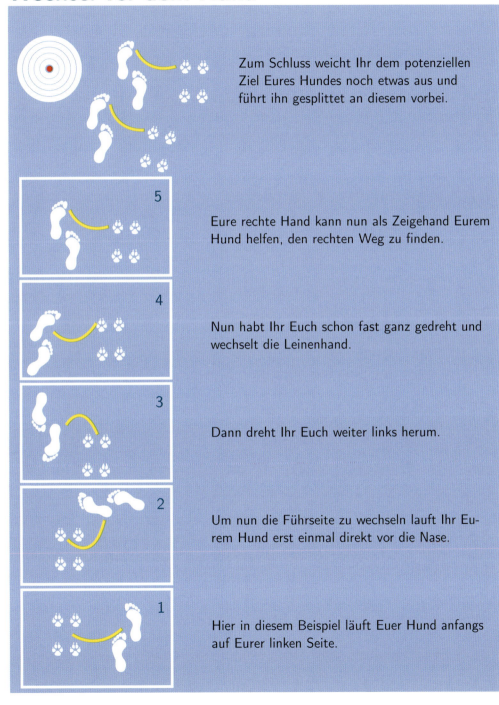

Zum Schluss weicht Ihr dem potenziellen Ziel Eures Hundes noch etwas aus und führt ihn gesplittet an diesem vorbei.

Eure rechte Hand kann nun als Zeigehand Eurem Hund helfen, den rechten Weg zu finden.

Nun habt Ihr Euch schon fast ganz gedreht und wechselt die Leinenhand.

Dann dreht Ihr Euch weiter links herum.

Um nun die Führseite zu wechseln lauft Ihr Eurem Hund erst einmal direkt vor die Nase.

Hier in diesem Beispiel läuft Euer Hund anfangs auf Eurer linken Seite.

Hund, was Ihr von ihm wollt. Ohne Stress und Gezerre. Denn genau so würde ich auch vor ihm wechseln, um ihn vor einer möglichen Gefahr zu beschützen. Und ganz nebenbei kann er dabei auch noch lernen, auf ein Kommando hinter Euch zu wechseln. So ein Kommando könnte zum Beispiel »Change« lauten, oder Ihr sagt einfach das Kommando für die entsprechende Seite (zum Beispiel Fuß oder Hand), wenn Euer Hund das schon gelernt hat. Das müsst Ihr dann aber schnell wieder auflösen, denn schließlich wollt Ihr spazieren gehen und nicht den Weltrekord im konstanten »Bei Fuß laufen« brechen. Ich sag das lieber mal dazu, damit Ihr Euch nicht wundert, dass Euer kleiner Arbeiter plötzlich kein korrektes Fuß mehr laufen kann, nur weil Ihr ihn immer wieder dazu gezwungen habt, es selbst aufzulösen. Man kann ja nie wissen ...

In-Wendung

Diese Wendung habe ich mir von den Dog-Dancern geklaut. Gezeigt hat sie Meinem und mir damals die Claudia Moser, aber ich weiß nicht, ob sie sie auch erfunden hat. Ist auch egal. Bei dieser Wendung wechselt Ihr nicht nur die Richtung, sondern auch die Führseite Eures Hundes. Diejenigen von Euch, die schon eine Kehrtwendung können, haben es wahrscheinlich etwas leichter – oder auch nicht. Aber am besten erklär ich die In-Wendung einfach mal Schritt für Schritt ...

Nehmen wir mal an, Euer Hund läuft rechts neben Euch her, soll aber aus guten Gründen jetzt lieber mal auf Eurer linken Seite laufen. Und außerdem wollt Ihr Eure Laufrichtung wechseln. Das kommt Euch jetzt vielleicht noch sehr unwahrscheinlich vor, aber Ihr werdet noch oft genug in eine solche Situation kommen, das könnt Ihr mir glauben. Damit Euer Hund auch versteht, was Ihr von ihm wollt, müsst Ihr anfangs genau so vorgehen, wie bei dem Wechsel vor dem Hund: Ihr macht einen Schritt in den Laufweg Eures Hundes und dreht Euch dabei um 180° zu ihm um. So steht Ihr dann erst einmal wieder frontal vor ihm. Diese Zeit könnt Ihr nutzen und schon mal ganz entspannt die Leinenhand wechseln. Dann macht Ihr aber einen Schritt seitlich nach vorne in Euren Laufweg zurück und führt Euren verdutzten Begleiter mit Eurer (neuen) Zeigehand – anfangs hilft Euch dabei ein Leckerchen – wieder an Eure Seite. Uups! Schon läuft er, auf der anderen Seite, mit Euch zusammen in die entgegengesetzte Richtung. War doch einfach, oder?

Die In-Wendung

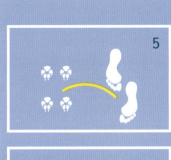

5 Geschafft!
Ihr habt mit einer einzigen Wendung nicht nur Eure Laufrichtung gewechselt, sondern auch die Führseite Eures Hundes.

4 Lauft unbedingt in diese neue Richtung weiter und helft ihm mit der Zeighand!
Wenn Ihr stehen bleibt, tut er das auch (anstatt sich weiter zu Euch zu drehen).

3 Dann wechselt Ihr Eure Leinenhand und dreht Euch weiter links herum.
Mit Eurer rechten Zeigehand helft Ihr ihm, den rechten Weg zu finden.

2 Nun dreht Ihr Euch nach links auf der Stelle um. Ihr lauft also nicht um Euren Hund herum, sondern dreht Euch neben ihm zu ihm hin.

1 Hier in diesem Beispiel läuft Euer Hund anfangs auf Eurer linken Seite.

Trainingsablauf

Um nicht den zweiten Schritt vor dem ersten zu tun – da seid Ihr Menschen ja Weltmeister drin, wenn es um uns geht – solltet Ihr vor jedem Training unbedingt in diesen Praxisteil schauen und Euch strikt an den von mir vorgegebenen Ablauf des Trainings halten. Auch wenn Ihr meint, dass Euer Problem ein ganz anderes wäre und Ihr lieber daran zuerst arbeiten wollt.

Das nächste Trainingsthema ist immer erst dann dran, wenn Ihr und Euer Hund die Lektion aus dem vorherigen auch wirklich perfekt beherrscht. So kann es durchaus sein, dass Ihr an dem einen oder anderen Training über Wochen arbeitet, bis Ihr das nächste angehen könnt. Mir ist schon klar, dass Ihr das höchstwahrscheinlich nicht durchhaltet, aber beschwert Euch dann bitte nicht bei mir, wenn es mit der Leinenführigkeit nicht klappen will.

Und schaut bitte auch immer mal wieder in den ersten Teil dieses Buches und lest nochmal, was ich Euch zu der jeweiligen Übung gesagt habe. Es macht viel mehr Spaß zu trainieren, wenn Ihr auch genau versteht, was und warum Ihr da gerade trainiert.

Trainingsorte

Arbeitet vom 1. bis zum 5. Trainingsthema an möglichst abgeschiedenen, reizarmen Orten. Erst zum Thema 8 solltet Ihr dann gezielt belebte Orte mit mehr und mehr Ablenkung aufsuchen.

Überprüfung

Ich habe ja bereits angedroht, dass es mitunter kein Zuckerschlecken für Euch wird, sondern harte Arbeit. Seine eigene Arbeit zu überprüfen fällt nicht immer leicht. Schon gar nicht, wenn diese Überprüfung auch noch objektiv ausfallen soll. Also nehmt die Abschlusstests jedes Trainingsthemas unbedingt ernst und macht erst beim nächsten Thema weiter, wenn Ihr den Test auch besteht.

Am besten lässt es sich natürlich in einer Gruppe von Teams trainieren, die alle das gleiche Problem haben. Eine solche Gruppe zu finden, sollte nicht so schwer sein. Schließlich laufen rund 95 % aller – meist verbotenerweise – frei laufenden Hunde deshalb ohne Leine, weil ihren Leinenhaltern die dauernde Zieherei so unglaublich auf den Keks geht. Fragt doch einfach mal ein paar Leute auf der Wiese, in Eurer Bekanntschaft oder in Eurer Hundeschule, ob sie nicht mitmachen wollen. Wenn die sich dann auch noch mein Buch kaufen – umso besser. Ich bin schließlich nur ein kleiner Terrier und muss auch sehen, wo ich bleibe.

In einer Gruppe könnt Ihr Euch gegenseitig überprüfen und mit Euren Erfolgen glänzen. Eine solche Gruppe sollte aber nicht stärker sein als maximal vier Teams. Sonst wird sie leicht unüberschaubar und es lassen sich nur schwer Termine finden, an denen alle können.

Einschränkende Wendung (hier links geführt)

Die einschränkende Wendung ist eine 180° Kehre, die im Wesentlichen aus drei Schritten besteht.

Im ersten Schritt (roter Fuß) stellt Ihr Euer Bein, das dem Hund am nächsten ist, vor den Hund. Allerdings ist es wichtig, dass dieser Schritt so kurz wie möglich ist. Ihr müsst die Wendung also gut vorbereiten, indem Ihr den Hund vor Beginn der Wendung bereits überholt habt.

Der zweite Schritt (gelber Fuß) erfolgt dann mit dem anderen Bein, das Ihr parallel zum »Sperrbein« führt. Dieser Schritt dient vor allen Dingen als Stütze für das »Sperrbein«. Der Raumgewinn ist bei diesem zweiten Schritt nur ganz minimal.

Der dritte Schritt (grüner Fuß) beendet die eigentliche Wendung, indem Ihr das »Sperrbein« nochmals um 90° und nach vorn versetzt.

Wenn Ihr die Wendung souverän und korrekt ausführt, könnt Ihr Euren Hund quasi auf einem Bierdeckel wenden. Der Radius der Wendung sollte niemals größer sein, als Euer Hund lang ist. Je enger dieser Radius ist, um so effektiver ist die Wendung!

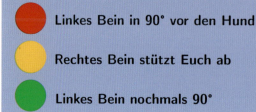

- 🔴 Linkes Bein in 90° vor den Hund
- 🟡 Rechtes Bein stützt Euch ab
- 🟢 Linkes Bein nochmals 90°

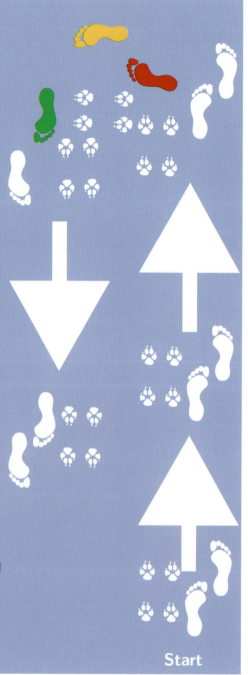

Start

Trainingsthema 1 – Einschränkende Wendung

Wahrscheinlich werdet Ihr Euch fragen, was die anschließenden Übungen für einen Sinn haben und ob Ihr wirklich so grundschulmäßig vorgehen müsst. Aber glaubt mir bitte: Es ist nur zu Eurem Besten. In den vielen Leinenführigkeitskursen, die Meiner in der Hundeschule unterrichtet hat, war das Erlernen und Ausführen der einschränkenden Wendung immer wieder das Schwerste und Wichtigste, was Ihr zu lernen hattet.

Ich weiß, nicht alle von Euch mögen Fußball, aber ich will trotzdem solch ein Beispiel geben: Wenn ein Fußballer einen Trick, wie zum Beispiel einen Übersteiger, nicht ausgiebig und so lange trainiert, bis er ihn wirklich gut kann, dann wird er ihn im Spiel bestimmt (noch) nicht anwenden. Es sei denn, er will sich richtig zum Affen machen und zur schlechten Unterhaltung des Publikums beitragen.

Na gut. Ihr habt ja Recht. Diese Fußballvergleiche versteht doch kein Hund. Außer mir natürlich. Nehmen wir mal an, Ihr wollt etwas auf einen Euch lieben und teuren Gegenstand aufmalen. Vielleicht einen Schriftzug oder ein Bild auf eine Wand oder etwas Ähnliches. Würdet Ihr das freihändig machen? Wohl nur, wenn Ihr super malen könntet oder wenn es scheißegal wäre, wie das nachher aussieht. Wenn es nachher toll aussehen soll, würdet Ihr Euch doch wahrscheinlich eine Schablone anfertigen, oder nicht? Tja. Seht Ihr? Mit den folgenden Übungen baut Ihr Euch Eure persönliche Schablone für die vielen Tausend einschränkenden Wendungen, die Ihr dann später an Eurem Hund ausführen werdet.

Einschränkende Wendung ganz für Euch allein

Nehmt Euch zwei Markierungen und stellt sie im Abstand von etwa fünf Metern auf. Lauft jeweils einzeln, ohne Euren Hund, von Markierung zu Markierung und umgeht diese mit jeweils einschränkenden Wendungen. Für eine einschränkende Wendung braucht es genau drei Schritte! Jeder Schritt mehr ist einer zu viel und untergräbt später Eure Souveränität.

Ulla greift mit der Zeigehand in die Leine und stoppt Moritz genau in dem Moment, in dem er zu ziehen beginnt.

Nun stellt Ulla ihr linkes Bein direkt vor Moritz.

Jetzt führt sie ihr rechtes Bein nach. Es dient vor allen Dingen als Stütze, falls Moritz sein Ziel weiter mit Nachdruck verfolgen sollte.

Uups! Das geht in die Hose! Rebecca leitet die Wendung viel zu früh ein.

So hat sie keine Chance, ihr linkes Bein vor Coopers Nase zu setzen. Die Leine hat sie schon mal losgelassen, damit sie nicht auf die Nase fliegt.

Hier rächt es sich nochmals, dass Rebecca die Wendung zu früh eingeleitet hat. Eigentlich müsste ihr rechtes Bein sie hier schon stützen.

Mit dem linken Bein vollendet sie die Wendung. Moritz hat nun sein Ziel aufgegeben und ist mit seinen Gedanken wieder bei Ulla.

Er hat die Einschränkung akzeptiert und schaut anerkennend und ehrfürchtig zu ihr auf.

Und schon geht es schnurstracks auf dem gleichen Weg zurück. Respekt!

Rebeccas rechtes Bein ist noch lange nicht da, wo es hingehört. Die Leine hält sie immer noch mit ihrer linken Hand und irre kurz.

Jetzt ist Rebeccas rechtes Bein endlich da angekommen, wo es hingehört und sie kann die Wendung mit etlicher Verzögerung dann doch noch beenden. Puh!

Halb zog sie ihn – halb sank er hin. Die Leine ist immer noch gespannt und sie hält sie immer noch in der falschen Hand.

Schrittfolge

Zu Beginn der einschränkenden Wendung müsst Ihr unbedingt schon vor Eurem Hund sein. Wie das mit Hund geht, erkläre ich Euch gleich noch. Jetzt üben wir erst einmal Eure Schrittfolge. Nehmen wir mal an, Ihr wollt die Markierungen jeweils mit einer Linkswendung umrunden. Dann müsst Ihr Euren letzten Schritt vor der eigentlichen Wendung, also den mit Eurem rechten Bein, so setzen, dass Ihr bereits mit diesem Schritt deutlich an der Markierung vorbei geht. Nur so könnt Ihr beim ersten Schritt der Wendung Euren linken Fuß in nahezu 90° vor die Markierung setzen, ohne dabei einen Spagat zu riskieren.

Einschränkende Wendung mit einem anderen Menschen

Eine Hilfsperson spielt Euren Hund. Dabei sollte diese Hilfsperson am Anfang noch etwas Milde walten lassen und erst dann versuchen, sich Euren Wendungen etwas energischer zu widersetzen, wenn Ihr schon firm genug seid, diesen Widerstand zu überwinden.

Achtet beim Laufen nicht auf Euren Begleiter. Achtet auf Euch und achtet auf Euer Ziel! Ihr habt ein Ziel: Die nächste Markierung, immer wieder. Genauso, wie wir Hunde das tun: Wir laufen auch zu unserem Ziel – ohne Rücksicht und ohne auf Euch zu achten.

Ihr wollt dieses Ziel unbedingt erreichen! Und Ihr wollt unbedingt zuerst, also vor Eurem Begleiter, dort sein – so wie wir!

Einschränkende Wendung mit dem Hund

Achtet nicht auf Euren Hund. Achtet auf die Markierungen. Die nächste Markierung ist immer wieder Euer Ziel und Ihr wollt dieses Ziel unbedingt erreichen und Ihr wollt unbedingt zuerst, also vor Eurem Hund, dort sein! Sollte Euer kleiner Traktor schon vor der Markierung an der Leine ziehen, dürft ihn natürlich auch gerne und immer wieder sofort einschränken. Euer neues Ziel ist dann erst einmal wieder die Markierung, von der Ihr gerade gekommen seid.

Jedes Erreichen einer Markierung, also Eures Ziels, ohne dass Euer Hund an der Leine zieht, bedeutet eine Jackpotbelohnung für Euren braven Begleiter. Jedes!

Ebenso erhält er für jede Wendung, die er bereitwillig annimmt und Euch schon während der Wendung oder direkt danach ehrfürchtig anschaut, eine Futterbelohnung. Übt das bitte wirklich oft genug, bis Ihr die nächste Steigerung angeht. Erst wenn Ihr neun von zehn Markierungen ohne Schwierigkeiten am Stück umrunden könnt, seid Ihr wirklich bereit, den nächsten Schritt zu gehen.

Steigerung: Sichtziel für den Hund
Nun werdet Ihr Eurem Hund ein ruhendes Sichtziel anbieten, das etwa zwei Meter hinter einer der Markierungen liegt und das er nicht unbedingt kennt. Das kann zum Beispiel ein Spielzeug sein, das er nicht besonders toll findet. Zieht Euer Hund an der Leine, schränkt Ihr ihn sofort ein! Nicht erst an der Markierung. Die Markierung bleibt aber weiterhin Euer Ziel. Ist die Markierung erreicht, ohne dass die Leine sich gespannt hat, gebt Ihr erst einen Jackpot und dann wendet Ihr wie gewohnt um die Markierung herum. Nach jeder Wendung lobt und füttert Ihr Euren Hund weiterhin, wenn er anerkennend zu Euch aufblickt.

Steigerung: Bewegungsziel
Nun macht Ihr aus dem ruhenden Sichtziel ein Bewegungsziel, indem eine Hilfsperson dieses Sichtziel von Euch weg wirft. Zieht Euer Hund an der Leine, schränkt Ihr ihn sofort ein! Nicht erst an der Markierung. Ist sie mit entspannter Leine erreicht, belohnt Ihr mit einem Jackpot und wendet wie gewohnt. Nach jeder nicht vorgesehenen Wendung lobt und füttert Ihr Euren Hund, wenn er danach anerkennend zu Euch aufblickt.

Zwischen den Trainings im Alltag

1. Übt die einschränkende Wendung mindestens fünfhundert Mal in möglichst ablenkungsfreier Umgebung. Auch dann, wenn sie schon gut klappt.

2. Lobt Euren Hund auf jedem Spaziergang, wenn er artig läuft und eben nicht an der Leine zieht. Belohnt mit Jackpot nach besonderen Leistungen!

3. Haltet aber unbedingt die Klappe, wenn er nicht artig ist!

4. Überlegt Euch bitte für die nächste Stunde ein Kommando für »spazieren gehen an der Leine«. Kleiner Tipp: Wenn Ihr »Lauf« schon als Auflösekommando habt, kann es nicht für diese Situation gelten. Es könnte dann »Spazieren«, »Leine« oder »Zugfrei« lauten. Bitte benutzt das Kommando aber nicht vor dem nächsten Trainingsteil!

Test

Sucht Euch ein ruhiges, lauschiges Plätzchen. Stellt zwei Markierungen im Abstand von fünf Metern auf und legt einen nicht besonders tollen Gegenstand im Abstand von zwei Metern hinter eine dieser Markierungen. Lauft mit Eurem Hund zwanzig Mal von Markierung zu Markierung.

Der Test gilt als bestanden, wenn …

… Ihr Euren Hund insgesamt weniger als fünf Mal ungeplant wenden musstet.

… und Ihr mindestens 15 geplante Wendungen (an den Markierungen) ausführen könnt, ohne dabei zusätzlich mit der Zeigehand in die Leine greifen zu müssen.

… und Ihr bei keiner der geplanten Wendungen ins Straucheln geratet.

Na, Test bestanden?

Trainingsthema 2

Heute wollen wir unbedingt sehen, ob Ihr die EW (einschränkende Wendung) schon richtig gut drauf habt und sie schon bei einem Spaziergang auf nahezu ablenkungsfreiem Gelände anwenden könnt. Außerdem werden wir das »zugfreie Laufen« an der Leine unter ein eigenes Kommando stellen. Dieses Kommando habt Ihr Euch ja schon überlegt, nicht wahr?

EW unter sterilen Bedingungen, »einfach«

Gleicher Aufbau wie gehabt: Zwei Markierungen im Abstand von fünf Metern, zehn Mal hin und her laufen, um die Markierungen wenden. Keine Ablenkung. Viel belohnen. Jackpotbelohnung, wenn Ihr eine ganze Strecke ohne Wendung laufen konntet.

EW unter sterilen Bedingungen, »Schwierigkeitsstufe 1 + 2«

Jetzt kommt ein ruhendes Sichtziel dazu. Und dann bewegt sich das Sichtziel auch noch (Hilfsperson)! Jeweils zehn Mal ...

EW im Spaziergang »einfach«

Jetzt stellt Ihr die Markierungen über eine Entfernung von mindestens zwanzig Metern auf. Wenn Ihr in der Gruppe arbeitet, stehen die wartenden Kollegen an einer Seite des Laufweges in gebührender Entfernung, damit sie keine zusätzliche Ablenkung darstellen. An der ersten Markierung angekommen, gebt Ihr Eurem Esel ein »Sitz« und stellt die Leine auf »kurze Entfernung« ein (erster Ring).

Kommando »Spazieren gehen«
Nun gebt Ihr, während Ihr loslauft, das Eurem Hund noch unbekannte »Spazieren gehen«-Kommando. EIN EINZIGES MAL! Nicht öfter, auch und schon gar nicht als Erinnerung! Nur einmal am Anfang Eures Spazierganges.

Ihr wendet spätestens um die zweite Markierung und lauft zur ersten zurück, beziehungsweise sofort, wenn die Leine sich spannt. Euer Spaziergang beginnt nach einem

Ruhekommando (an der ersten Markierung) und einer Jackpotbelohnung, falls die Leine auf der ganzen Strecke entspannt blieb, aufs Neue mit dem Spazierengehen-Kommando.

Lob
Läuft Euer Hund jetzt, ohne zu ziehen, kommentiert Ihr das mit lobenden Worten. Schaut er Euch daraufhin an, ignoriert Ihr das aber unbedingt. Ihr wollt spazieren gehen und nicht Fuß laufen!

Schon toll, wenn ein Hund so aufmerksam mit seinem Menschen ist. Dumm nur, dass das nichts mit »Spazieren gehen« zu tun hat.

Tadel

Läuft Euer kleiner Begleiter nicht artig an der Leine oder sucht sich gar ein eigenes Ziel (Eures ist ja immer noch die nächste Markierung), tadelt Ihr ihn mit dem heftigsten Tadel, den er sich vorstellen kann: Ihr schränkt ihn ein und haltet dabei die Klappe! Bleibt Euer Kamerad zurück, oder wechselt hinter Euch die Seite, kommentiert Ihr das nicht sondern lauft – am besten etwas schneller – einfach weiter.

EW an längerer Leine

Ihr lasst Eure Markierungen so stehen und stellt die Leine auf »mittlere Entfernung« (zweiter Ring) ein.

Aber wie sollt Ihr denn jetzt wenden? Der Hund ist ja so weit weg! Tja, deshalb üben wir das ja. Zunächst einmal macht Ihr, sobald sich die Leine spannt, den sofortigen Stopp (schaut dazu nochmals in »Begriffe« nach)! Dann hangelt Ihr Euch quasi an der Leine zu Eurem Hund. Dabei sollte die Spannung der Leine möglichst gleich bleiben. Sobald Ihr in einer komfortablen Wendeposition seid, knallt Ihr dem Renitenten die EW vor den Latz. Und lobt ihn, wenn er Euch daraufhin anhimmelt, kurz und heftig. Aber eben wirklich nur kurz. Er soll ja nicht Fuß laufen. Spätestens direkt nach der Wendung, besser noch währenddessen, lässt Eure Zeigehand die Leine sofort wieder los. Schließlich soll Euer Hund den Unterschied zwischen Benehmen und Pöbeln lernen. Und nach der Wendung läuft er ja mittlerweile, zumindest für ein kurzes Stück, schon recht ordentlich.

Ohne die strafende EW geht es nicht. Aber die Strafe muss eine Strafe bleiben und darf nicht zur Gewohnheit werden, sonst nutzt sie sich zu sehr ab und verliert ihre korrigierende Wirkung. Außerdem sollte doch von Beginn des Trainings an nur noch einer die Leine spannen, schon vergessen? Ja, genau. Nur Euer Hund ist für das Spannen und Entspannen der Leine verantwortlich. Und wenn Ihr das Entspannen verhindert, weil Ihr die Leine dauernd mit Eurer Zeigehand verkürzt, dürft Ihr Euch nicht wundern: Dann wird er nämlich nicht, wie gewünscht, versuchen sich zu beherrschen, sondern immer munter weiter ziehen. Und zwar, weil ihm die Alternative zum Ziehen fehlt und nicht etwa, weil er ein alter Sturkopf ist!

Zwischen den Trainings im Alltag

1. Übt die einschränkende Wendung nochmals mindestens fünfhundert Mal auf Euren Spaziergängen.

2. Von heute an wird jedes Spannen der Leine zunächst einmal mit einem sofortigen Stopp und, wenn nötig, mit einer Einschränkung quittiert.

3. Jede Einschränkung durch Euren Hund – also das »Euch vor die Füße laufen« – wird verhindert bzw. mit einer Einschränkung Eurerseits quittiert.

4. Lobt ihn kurz, wenn er nett läuft. Haltet den Mund, wenn er zieht!

5. Belohnt mit einem Jackpot, wenn Ihr besondere Erfolge erzielt habt!

Test

Sucht Euch wieder ein ruhiges, lauschiges Plätzchen und stellt zwei Markierungen im Abstand von zwanzig Metern auf. Lauft mit Eurem Hund zwanzig Mal von Markierung zu Markierung.

Der Test gilt als bestanden, wenn ...

... Ihr Euren Hund insgesamt weniger als fünf Mal ungeplant wenden müsst.

... und Ihr mindestens 18 geplante Wendungen (an den Markierungen) ausführen könnt, ohne dabei zusätzlich mit der Zeigehand in die Leine greifen zu mussen.

... und Ihr bei den nicht geplanten Wendungen auch nicht mehr ins Straucheln geratet.

Trainingsthema 3

Jetzt wollen wir doch mal sehen, ob Ihr so eine EW an längerer Leine nicht auch aus dem Lauf heraus schaffen könnt. Außerdem legen wir heute das Kommando »Hinten« an.

EW am Zaun

Sucht Euch einen ruhigen, ablenkungsarmen Ort mit einem mindestens zwanzig Meter langen Zaun (je länger, desto besser) oder einer langen Mauer.

Letzte Stunde haben wir ja die EW an der etwas längeren Leine geübt. Jetzt wollt Ihr ja wohl nicht immer und ewig stehen bleiben und Euch kompliziert an den Hund hangeln. Wahrscheinlich wünscht Ihr Euch nichts sehnlicher, als dass Ihr Eurem kleinen Traktor irgendwann auch ohne Wendung zu verstehen geben könnt, dass es so nicht weiter geht. Seht Ihr, ich hab's gewusst!

Dazu lauft Ihr, zunächst mit kurzer Leine, den ganzen Weg am Zaun entlang und Euer Hund läuft zwischen Euch und dem Zaun. Bevor Ihr loslauft gebt Ihr EINMAL das Kommando für »spazieren gehen«. Spannt er die Leine beziehungsweise setzt sich dazu in Bewegung, macht Ihr zwei, drei schnelle Schritte und setzt dann Euer Bein vor seine Nase. Fertig. Läuft er nett, lobt Ihr ihn. Tut er das nicht, dann überholt ihn und setzt Euer Bein vor ihn. Bei dieser Übung darf sich Euer quirliger Freund natürlich nicht die Seite aussuchen, auf der er läuft, sondern muss dauernd zwischen Euch und dem Zaun laufen. Achtet aber unbedingt darauf, dass Ihr ihm auch genug Platz zum Laufen lasst. Wie schon in Thema 2 gesagt, soll er aus seinen Fehlern lernen, indem er auch (nur) für diese Fehler bestraft und nicht etwa dauernd drangsaliert wird.

Klappt das mit kurzer Leine schon ganz gut, gebt Ihr ihm einen Ring mehr und geht genauso vor. Merkt Ihr aber, dass Ihr mit der längeren Leine noch nicht klarkommt, verkürzt Ihr sie erst einmal wieder. Schließlich müsst Ihr verhindern, dass er Punkte sammelt.

Das Kommando »Hinten«

Sicher werdet Ihr schon gemerkt haben, dass Euer kleiner Liebling Euch besonders gern durch Engstellen zieht. Das müssen wir unbedingt vermeiden!

Dazu sucht Ihr Euch solch eine Engstelle (mit geringer Ablenkung). Wo Ihr so etwas findet? Oh, davon gibt es genug, glaubt mir. Ihr habt sie bis jetzt vielleicht nur noch nicht so richtig wahrgenommen, weil Euer kleiner Traktor Euch immer wieder, so gut er nur konnte, da durchgezogen hat: Trampelpfade durch Unterholz oder Brennnesseln, auf dem Gehweg parkende Autos und enge Wege zwischen zwei Hecken gibt es satt und genug!

Ihr lauft jetzt also durch eine solche Engstelle. Vorher nehmt Ihr ein Leckerchen in Eure Zeigehand (nicht den Jackpot!) und macht Euren Hund darauf aufmerksam. Dann legt Ihr die Hand mit dem Lecker mitten auf Euren Hintern und marschiert ohne Kommando durch. Will der kleine Führer überholen, macht Ihr Euch breit wie Schumi und lasst keinen vorbei! Seinen Lohn erhält der Nachläufer immer hinter Euch am Ende der Engstelle und nicht erst dann, wenn Ihr schon wieder aus der Engstelle herausgelaufen seid. Schließlich soll er Euch nicht überholen, sondern lernen, dass es sich lohnt, hinter Euch zu bleiben.

Nach der Fütterung schaut Ihr, dass Ihr flugs aus der Engstelle heraustretet und löst das »Hinten« mittels »spazieren gehen« wieder auf. Nun darf Euer treuer Begleiter Euch wieder überholen, aber natürlich nicht die Leine spannen.

Kommando dazu
Zunächst sagt Ihr das Wort »Hinten« erst kurz, bevor Ihr füttert. Das macht Ihr mindestens zehn Mal so.

Erst wenn Euer Hund verstanden hat, dass er nichts weiter zu tun hat, als einfach hinter Euch herzulatschen, sagt Ihr kurz vor dem Betreten der Engstelle das Kommando »Hinten«. Aber woran merkt Ihr das wohl? Ganz einfach: Ihr braucht Euch nicht mehr breiter machen, als Ihr seid, weil er nicht mehr versucht Euch zu überholen. Bleibt er bis zum Ende der Engstelle brav hinter Euch, belohnt Ihr ihn noch in der Engstelle mit einem Jackpot.

Das »der leckere Baum« Spiel

Ihr sucht Euch einen dicken Baum mit grober Rinde aus. Schon auf dem Weg zu diesem Baum ruft Ihr Euren »Entdeckerruf« und begebt Euch, ob das andere Ende der Leine nun will oder nicht, schnell und zielstrebig zum Baum. Auf dem Weg nehmt Ihr schon mal, unbeobachtet von Eurem Verfolger, ein Leckerchen (aber bitte nicht den Jackpot!) in die Hand und steckt es (fest) in die Rinde des Baumes. Dann zeigt Ihr darauf und wiederholt Euren »Entdeckerruf«. Euer Hund darf sich dann das Leckerchen selbst aus der Rinde holen. Während er damit beschäftigt ist, geht Ihr ein Stückchen um den Baum herum und steckt ein weiteres Leckerchen in die Rinde. Das könnt Ihr wiederholen, bis Euer Hund platzt oder bis Ihr keine Lust mehr habt. TIPP: Ein hungriger Hund spielt das Spiel natürlich lieber als ein satter!

Zwischen den Trainings im Alltag

1 Übt das Laufen und Überholen an Barrieren (Zaun, Mauer, Hauswand, parkende Autos, Mülleimer, Baustellen, etc.)

2 Übt das Kommando »Hinten« in einer ablenkungsfreien Umgebung

3 Jedes Spannen der Leine wird von Euch mit Überholen oder Einschränken quittiert

4 Lobt Euren Hund für »nett sein«

5 Spielt das »der leckere Baum« Spiel

Test

Einschränken am Zaun ohne Wendung
Sucht Euch einen Zaun und führt Euren Hund an langer Leine daran vorbei. Schränkt ihn ein, wenn er die Leine spannt. Schafft Ihr es schon, ihn acht von zehn Mal einzuschränken, ohne dass Ihr mit der Zeigehand in die Leine greift? Gut, dann habt Ihr den ersten Teil des Tests schon mal bestanden.

Laufen ohne Ziehen
Lauft mit kurzer Leine auf einem breiten Weg ohne Ablenkung. Schafft Ihr es schon, zehn Schritte in gleichbleibender Geschwindigkeit zu laufen, ohne dass sich die Leine spannt, habt Ihr den zweiten Teil auch schon geschafft.

Kommando »Hinten«
Wählt einen engen Weg und gebt Eurem treuen Begleiter vor der Verengung das Kommando »Hinten«, ohne dabei ein Leckerchen in der Hand zu haben. Die leere Hand könnt Ihr aber selbstverständlich noch auf Euren Hintern halten. Bleibt er für mindestens zehn Meter hinter Euch, ohne dass Ihr Euch breiter machen müsst, als Ihr es von Natur aus seid, habt Ihr auch den dritten Teil mit Bravour absolviert.

Ursachen
Falls einer der drei Teile noch nicht so recht klappen sollte, müsst Ihr einfach weiter daran üben. Allerdings kann es auch nicht schaden, wenn Ihr Euren Alltag nochmals auf die eine oder andere Kleinigkeit überprüft. Geht einfach die Checkliste vom Anfang dieses Trainingsteils nochmal durch und schaut nochmal in den ersten Teil dieses Buches. Es ist völlig normal, dass Euer kleiner Liebling immer wieder testet, ob Eure Regeln immer noch gelten, schon vergessen? Die meisten meiner Kollegen sind im Übrigen wahre Meister darin, die von Euch aufgestellten Regeln, ganz galant und von Euch unbemerkt, Stück für Stück zu verbiegen und zu untergraben. Ihr wärt bestimmt nicht die Ersten, die ganz verdutzt aus der Wäsche schauen, wenn sie von einem Freund, der länger nicht mehr zu Besuch war, gefragt werden, seit wann Percy denn wieder vor der Tür liegen darf. Wenn wir Hunde Euch eines voraus haben, dann ist das unsere Beobachtungsgabe: Wir beobachten dauernd und haarscharf, weshalb wir jede kleinste Veränderung sofort bemerken. Ihr hingegen tut genau das nicht. Wenn jemand zum Beispiel in Eurer Wohnung eine Vase jeden Tag nur etwa drei Millimeter verrückt, steht sie nach einem Monat zwar schon fast zehn Zentimeter von ihrer ursprünglichen Position entfernt, aber Ihr merkt es immer noch nicht. Ich dagegen würde schon am ersten Tag merken, dass sie sich bewegt hat.

Einschränkende Wendung unter starker Ablenkung

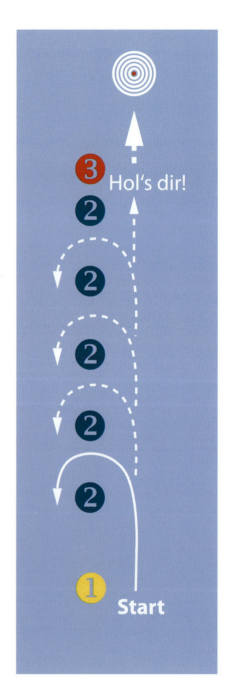

Trainingsthema 4

Heute brauchen wir das Lieblingsspielzeug Eures treuen Begleiters und eine Hilfsperson. Damit üben wir das »Einschränken unter starker Ablenkung«. Außerdem überprüfen wir, wie gut Ihr das Kommando »Hinten« schon aufkonditioniert habt.

Einschränken unter starker Ablenkung

Mittlerweile seid Ihr ja schon richtig gute Einschränker. Aber funktioniert das auch schon, wenn Euer kleiner Liebling mit Nachdruck sein Ziel verfolgt?

Ihr stellt dafür drei Markierungen in einer Reihe auf. Die erste ist Euer »Wartepunkt«. Dort übergebt Ihr der Hilfsperson das Superspielzeug. Sie nimmt es mit und legt es ungefähr drei Meter hinter der letzten Markierung aus. Die zweite Markierung steht zunächst fünf Meter von der ersten und zehn Meter von der letzten entfernt.

Ihr geht mit dem »Spazieren gehen-Kommando« geradewegs auf die Zielmarkierung zu. Aber schon an der zweiten Markierung wendet Ihr auf jeden Fall einschränkend und kehrt zum Starthütchen zurück. Dort wendet Ihr wieder und wartet. Auf ein Zeichen der Hilfsperson (siehe weiter unten) geht Ihr wieder in Richtung Ziel.

Fortschritt und Rückschritt
Hat der erste Weg ohne Ziehen geklappt, stellt die Hilfsperson in der Zwischenzeit die Markierung Nummer zwei einen Meter weiter ans Ziel. Hat sich die Leine aber schon vor der Markierung gespannt, stellt er es einen Meter näher an den Start. Ihr wendet wieder an der zweiten Markierung!

Immer so weiter
So wandert die zweite Markierung immer näher an die dritte. Aber: keinen falschen Ehrgeiz bitte! Müsst Ihr vor der zweiten Markierung wenden, wandert diese auch sofort wieder einen Meter zurück.

Geschafft!

Wenn die zweite Markierung direkt hinter der dritten steht, seid Ihr schon fast am Ziel! Die dritte Markierung steht ja etwa drei Meter vom Ziel entfernt. Wenn Euer Liebling es entspannt bis zu dieser dritten Markierung schafft, gebt Ihr ihm dort ein »Sitz«, leint ihn ab und er darf sich seinen Superspieler holen. Das ist sein ganz besonderer Jackpot.

Hinten

Zunächst geht Ihr drei Mal mit dem Kommando »Hinten« durch die Engstelle, ohne dass Ihr dahinter eine Ablenkung auf Euren braven Verfolger wartet. Wenn Ihr das »Hinten« schon gut aufkonditioniert habt, wird das ja kein Problem mehr darstellen, sondern eine Eurer leichtesten Übungen sein.

Aber jetzt benutzen wir wieder den Spieler. Ihr stellt Euch etwa drei Meter vor der Engstelle auf. Die Hilfsperson nimmt den Spieler mit und legt ihn, gut sichtbar, etwa zwei Meter hinter der Engstelle aus. Mit dem Kommando »Hinten« geht Ihr auf die Engstelle zu. Versucht Euer Verfolger schon vor der Engstelle vorbeizuschlüpfen, wendet Ihr und geht mindestens fünf Meter zurück. In der Engstelle verhindert Ihr das Überholen durch »breit machen«. Klappt das nicht, wendet Ihr auch hier wieder einschränkend und geht zurück bis mindestens zum Start. Dann versucht Ihr es erneut. Klappt auch das nicht, nimmt die Hilfsperson vorerst den Spieler wieder weg und Ihr geht noch dreimal ohne durch die Engstelle, bevor Ihr es wieder mit dem Spieler als Ablenkung probiert.

Geschafft!
Schafft Ihr es »gesittet« bis an das Ende der Engstelle, gebt Ihr ein »Sitz«, leint den Racker ab und er darf sich den Spieler als Jackpotbelohnung holen.

Überqueren einer Straße

Sucht Euch zunächst eine sehr ruhige, aber gut zu überblickende Seitenstraße ohne Autoverkehr. Zum Beispiel eine Sackgasse kurz vor dem Wendehammer. In dieser Seitenstraße übt Ihr das Überqueren einer Straße. Denn hier zieht fast jeder Hund. Kunststück, bemerken wir doch sofort Eure Anspannung, wenn es darum geht, die Straße schadlos zu überqueren. Außerdem fällt es Euch schwer, uns in dieser Situation zu kontrollieren – wer von Euch ist schon so cool (und blöd), sein Zugpferdchen mitten auf einer Hauptstraße zu wenden?

Aber hier auf der Seitenstraße geht das gut. Ihr glaubt ja nicht, wie blöd Euer kleiner Liebling aus der Wäsche gucken wird, wenn Ihr ihn mitten auf der Straße wendet und geradewegs zu Eurem Startpunkt zurückkehrt. Das habt Ihr ja schließlich noch nie gemacht!

Aber: Sucht Euch eine Stelle aus, an der es sowohl auf dem Hin- als auch auf dem Rückweg ein klares Ziel für Euch gibt. Das kann zum Beispiel eine Laterne sein, ein Strauch, ein Baum, ein Fenster, eine Türe ...

Die beiden Ziele sollten zudem möglichst genau gegenüber voneinander liegen. Denn Ihr müsst die Straße unbedingt genau im 90° Winkel überqueren. Nur so merkt Ihr sofort, wenn Euer kleiner Begleiter ein wenig nach rechts oder links abdriftet. Denn auch dann müsst Ihr ihn sofort wenden und zu Eurem Startpunkt zurückgehen. Achtet darauf, dass Ihr Euer jeweiliges Ziel nicht aus den Augen verliert. Achtet aber auch darauf, dass die Straße frei ist, bevor Ihr wieder losgeht und vergesst bitte nicht Euer »Spazieren gehen« Kommando, bevor Ihr loslauft.

Wenn Euer treuer Freund Euch schön brav auf die andere Seite begleitet, können schon unterwegs ein paar aufmunternde Worte bestimmt nicht schaden. Erreicht Ihr die andere Seite, füttert Ihr mit einem Jackpot. Das habt Ihr nämlich beide toll gemacht!

Zwischen den Trainings im Alltag

1 Übt unbedingt weiter das Einschränken unter zunehmender Ablenkung.

2 Übt das Kommando »Hinten« an allen Engstellen, die Ihr auf Euren täglichen Spaziergängen passiert.

3 Lest bitte nochmal meine Ausführungen über das Splitten und Bogenlaufen.

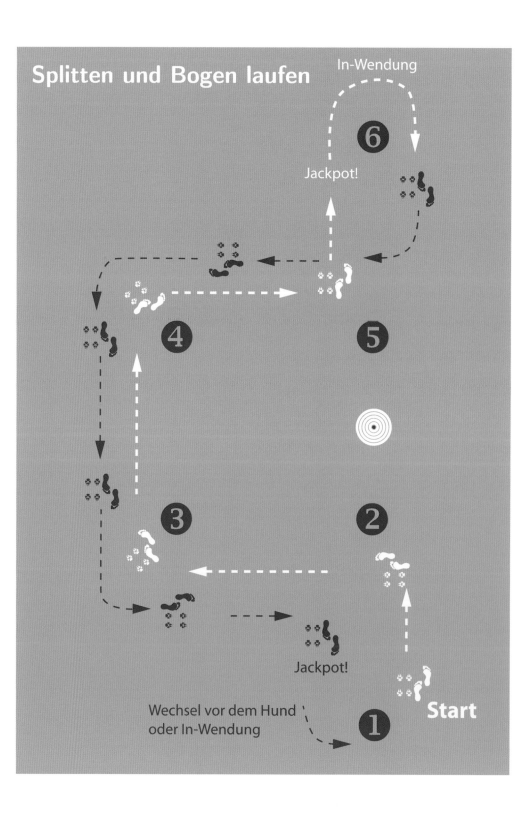

Trainingsthema 5

Heute beschäftigen uns mit einem der wichtigsten souveränen Signale, die Ihr Eurem Hund geben könnt: dem Splitten. Verbunden mit dem Bogenlaufen ist es Eure Wunderwaffe bei allen »zugverdächtigen« Begegnungen und auch bei festen Zielen, bei denen eine Ausweichmöglichkeit besteht. Dazu brauchen wir wieder eine Hilfsperson.

Wechsel und In-Wendung üben

Mit dieser Hilfsperson, aber ohne Euren Hund, übt Ihr zunächst einmal den Wechsel vor dem Hund und die In-Wendung. Wie das geht, habe ich Euch ja schon im Abschnitt »Begriffe« erklärt.

Wenn beide Wechsel mit der Hilfsperson gut klappen, übt Ihr sie bitte unbedingt noch, gänzlich ohne Ablenkung, mit Eurem Azubi. Er muss sie schließlich auch noch lernen, damit die folgende Übung für Euch beide so stressfrei wie möglich abläuft.

Splitten und Bogen laufen

Sechs Markierungen sind so aufgestellt, dass vier davon (Nr. 1, Nr. 2, Nr. 5; Nr. 6) eine etwa sechzehn Meter lange, gerade Linie bilden (Abstand der Hütchen jeweils etwa vier Meter). Zwei weitere Markierungen (Nr. 3 und Nr. 4) stehen jeweils seitlich, zunächst ungefähr acht Meter von den mittleren Hütchen entfernt.

Ablauf der Übung

Ihr startet jeweils bei ① mit »Spazieren gehen«. Auf dem Weg von ① nach ② lauft **IHR(!)** so, dass Euer Hund links von Euch läuft. Wenn Ihr bei ① rechts geführt startet, müsst Ihr also kurz darauf vor dem Hund wechseln!

Bei ② biegt Ihr 90° nach links ab, auf ③ zu. Bei ③ biegt Ihr 90° nach rechts ab, auf ④ zu. Bei ④ biegt Ihr wieder 90° nach rechts ab, auf ⑤ zu. Bei ⑤ biegt Ihr 90° nach links ab auf ⑥ zu. Dort wendet Ihr nach Belohnung mit einer »In«-Wendung und lauft den gleichen Weg wieder zurück zu ①. Die Hilfsperson steht später (als potenzielles Ziel Eures Hundes) mittig zwischen ② und ⑤ jeweils immer zu Euch gewandt.

Ohne Ablenkung
Zunächst lauft Ihr diesen Parcours aber, ohne dass ein Ziel in der Mitte steht, damit Ihr Euch an den Ablauf gewöhnt. Erst dann lauft Ihr mindestens zwei Mal hin und zwei Mal her, den geraden Weg (①②⑤⑥), jeweils am Ende mit einschränkender Wendung. »Mindestens zwei Mal«, sage ich deshalb, weil Ihr mit der Übung wirklich erst dann beginnen dürft, wenn Ihr diesen geraden Weg ohne Einschränkung an lockerer Leine laufen könnt. Schafft Ihr das gar nicht, dann habt Ihr entweder bei den Tests geschummelt oder Euer Azubi hat gerade heute einen schlechten Tag erwischt. In beiden Fällen empfehle ich Euch, nochmals Eure Nase in den ersten Teil dieses Buches zu stecken und erst einmal die vorherigen Übungen zu wiederholen.

Mit Ablenkung
Anfangs sollte die Ablenkung durch die Hilfsperson noch recht gering sein. Wenn Eure Wechsel und die Läufe gut klappen und Euer Azubi nur noch wenig Reaktion zeigt, sollte die Hilfsperson die Ablenkung nach und nach steigern. Welche Ablenkung Euren Azubi am meisten reizt, wisst Ihr selbst am besten.

Splitten
Das Splitten geschieht dabei zwischen ② und ⑤ Denn Ihr lauft zwischen dem Ziel Eures Hundes und Eurem Hund. Ihr trennt also Euren kleinen Revoluzzer von seinem Ziel. Und das nennt man Splitten.

Bogen laufen
Ebenfalls lauft Ihr dort den Bogen, indem Ihr vor dem Ziel Eures Hundes ausweicht und gebührenden Abstand dazu herstellt. Wichtig ist dabei, dass Ihr diesen Bogen anfangs so deutlich wie eben möglich lauft. Deshalb die 90° Abbiegungen. Ebenso wichtig ist aber, dass Ihr danach auch wieder mittels 90°-Abbiegungen auf Euren ursprünglichen Weg zurückkehrt.

Hundesprache
Nur so versteht Euer Hund, was Ihr da tut. Und er versteht, dass Ihr ihn souverän durch diese Situation führt und diese somit kontrolliert. Das schindet Eindruck und stärkt Eure Führungsposition. Ihr macht also einen entscheidenden Punkt.

Zoe (weiß) und Sammy (braun) liefern sich ein wildes Rennspiel, das zu eskalieren droht.

Der kleine Jack Russell Spunky schafft es irgendwie, sich zwischen Zoe und Sammy zu positionieren und trennt die beiden aus ihrem wilden Spiel heraus. Bravo, kleiner Spunky, das hätte ich auch nicht viel besser hingekriegt!

Belohnung!

... mit Worten, wenn Euer Hund die Wendungen gut mitmacht.

... mit Lecker unterwegs, wenn er gesittet läuft.

... mit Jackpot, wenn er den ganzen Weg superbrav war.

Begegnung
Eine Hilfsperson kommt Euch mit ihrem Hund entgegen. Sie läuft dabei schnurgerade von ⑥ nach ① Wenn sie bei ⑤ angekommen ist, startet Ihr bei ① und lauft den Bogen wie gehabt. Dann geht es umgekehrt: Ihr lauft gerade von ⑥ nach ① und der Andere läuft den Bogen.

Abstand verkleinern
Nach und nach stellt Ihr dann die Markierungen ③ und ④ immer näher an ② und ⑤ heran, sodass der Bogen immer kleiner wird. Der frontale Abstand zum Ziel (② und ⑤) bleibt aber gleich.

Zwischen den Trainings im Alltag

1 Benutzt das Splitten und Bogenlaufen auf jedem Spaziergang in allen möglichen Situationen.

2 Übt es nach und nach auch an Stellen, an denen sich Euer kleiner Liebling bisher fast immer auffällig verhalten hat (Haus Nr. 36).

3 Leitet den Bogen unbedingt so früh wie möglich ein! Auf keinen Fall immer erst dann, wenn Euer Hund schon nach vorn drängt, sondern bedeutend früher. So sorgt Ihr dafür, dass sich sein Stress nicht unnötig steigert.

Sichtlinien beim Verlassen des Hauses

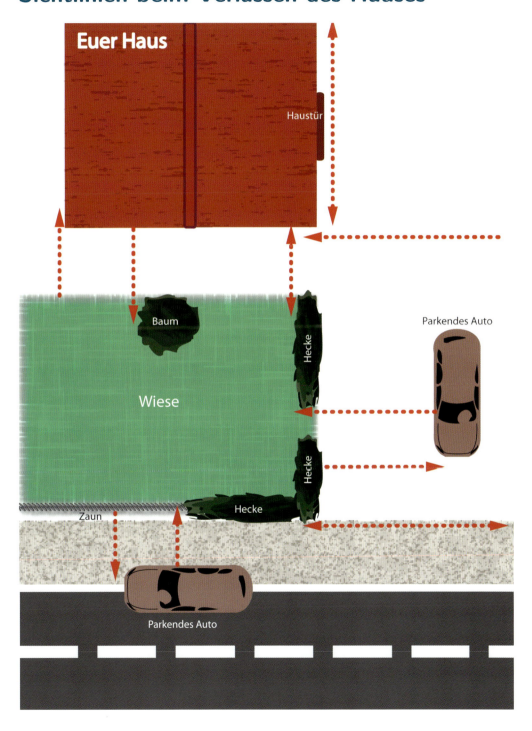

Trainingsthema 6

Heute wollen wir das Verlassen des Hauses üben und das gute Benehmen Eures kleinen Lieblings mit einem Spaziergang belohnen. Bringt ein wenig Zeit mit, es könnte etwas länger dauern!

Zunächst müsst Ihr dazu die Sichtlinien Eurer Pforte kennen und vor allen Dingen bei der anschließenden Übung auch erkennen. Und Ihr müsst sie unbedingt allein abchecken. Ohne die Hilfe von Eurem kleinen Naseweis.

Erkennen und Merken der Sichtlinien

Falls Ihr Schwierigkeiten damit habt, Euch die Sichtlinien zu merken, malt Euch bitte mit Kreide Striche auf den Boden. Das sieht vielleicht albern aus, aber so nehmt Ihr dem Naseweis einen riesigen Vorsprung: Er kennt diese Sichtlinien ganz genau, denn er weiß ja auch ganz genau, wie wichtig es ist, diese Sichtlinien zu beachten und die Lage zu checken.

Ach ja. Es könnte ja auch sein, dass Ihr nicht wisst oder Euch nicht ganz sicher seid, wie und woran man eine Sichtlinie erkennt. Aber das ist einfach: Es sind die Stellen, an denen Euer kleiner Naseweis unbedingt vor Euch sein möchte und an denen er den Kopf zur Seite dreht.

Aus dem Haus nach draußen

Ihr geht mit Eurem kleinen Liebling bis vor die Haustüre. Draußen stehen an bestimmten, aber wechselnden Punkten verteilt, verschiedene Hilfspersonen, wenn möglich mit Hund. Euer Azubi ist natürlich angeleint und bekommt, bevor Ihr die Türklinke anfasst, ein gut aufkonditioniertes Ruhekommando (ich nehm jetzt hier mal »Sitz«). Nun greift Ihr zur Klinke.

Sitzt er noch? Gut, dann könnt Ihr die Tür ja öffnen. Ansonsten bleibt sie solange geschlossen, bis er wieder ordentlich sitzt. Mit dem Öffnen der Türe könnt Ihr das Ruhekommando dann auflösen – nein, nicht mit »Lauf« oder »O.K.«, sondern natürlich mit einem gepflegten »Hinten« – und tretet auf die Türschwelle ...

Als Erster!
Wohl gemerkt, vor Eurem Hund. Mogelt er sich vorbei, bringt Ihr ihn mit einer EW sofort wieder rein und schließt die Tür. So lange, bis das klappt! Dazu könnt Ihr gern weiter das Kommando »Hinten« benutzen. Wichtig: Die Hilfspersonen dienen nicht nur zur Ablenkung Eures kleinen Lieblings. Sie sollen Euch auch unbedingt auf Eure Fehler hinweisen.

Noch besser könnt Ihr Eure Fehler erkennen, wenn eine der Hilfspersonen eine Videoaufnahme von der Szene macht.

Erste Sichtlinie
Beim Verlassen des Hauses ergibt sich die erste Sichtlinie auf der ersten Stufe oder auf der Türschwelle. Die checkt Ihr deutlich ab. Bis Ihr das getan habt, muss Euer kleiner Liebling brav hinter Euch bleiben und warten. Zur Not könnt Ihr ihn auch sitzen lassen. Erkennt Euer Hund dieses Vorrecht nicht an, bringt Ihr ihn ohne Kommentar mit einer EW sofort wieder ins Haus und schließt die Tür.

Zeit spielt keine Rolle
Wie lange das Ganze dauert, ist absolut egal. Die Hauptsache ist, dass Ihr die Führung behaltet! Bleibt ruhig und souverän. Zeigt Stärke, aber keine Härte! Eure Gelassenheit wird Euren Hund überzeugen – nicht aber Eure Verzweiflung oder gar Eure Wut.

Zweite Sichtlinie
Die zweite Sichtlinie ergibt sich meist auf einem kleinen Stück zum Bürgersteig. Achtung: Falls Ihr aus einem seitlichen Hauseingang kommt, müsst Ihr auch unbedingt die Sichtlinie am Ende der Hauswand beachten! Auch diese checkt Ihr deutlich ab. Und auch hier hat Euer kleiner Kontrolleur hinter Euch zu bleiben. Tut er das nicht, geht es sofort mit einer EW zurück bis vor Eure Haustür (nicht hinein) und Ihr startet von dort erneut. Solange, bis Ihr in aller Ruhe an der Sichtlinie die Lage peilen könnt.

Dritte Sichtlinie
Diese könnte zum Beispiel am Ende der Einfahrt liegen. Beachtet bitte, dass Euer Hund eine ganz andere Sicht der Dinge hat als Ihr. In der Regel liegen seine Augen einen bis sogar anderthalb Meter unter Euren. Es spielt also keine Rolle, ob Ihr freie Sicht habt! Kleinen Hunden kann sogar schon eine kleine Buchsbaumhecke die Sicht versperren.

Weitere Sichtlinien
Leider kenne ich Euer Haus nicht. Deshalb kann ich auch nicht sagen, wo Eure Sichtlinien liegen und wie viele es sind. Wie gesagt: Im Zweifel achtet Ihr einfach auf Euren

Hund und seine Reaktionen. Er wird Euch durch sein Verhalten an bestimmten Punkten jede einzelne Sichtlinie zeigen.

Belohnung
Schafft Ihr es gesittet bis auf den Bürgersteig oder die Straße vor Eurem Haus, gibt es dort einen Jackpot. Auf dem Weg dorthin solltet Ihr aber erst einmal auf Belohnungen verzichten. Ihr habt genug mit allem anderen zu tun.

Ein Spaziergang

Wenn die Geschichte mit dem Weg vom Haus zum Bürgersteig Euch noch Zeit lässt, beginnt Ihr mit dem Spaziergang.

Obacht!
Ihr achtet weiter unbedingt auf Sichtlinien: parkende Autos, Hecken, Hauseingänge Einfahrten, Mülltonnen …

Und Ihr benutzt Geländeeinbauten, um den Hund einzuschränken und wendet immer wieder prompt einschränkend, sobald das nötig wird.

Ziele suchen!
Ihr sucht Euch immer wieder neue Ziele, die Ihr unbedingt erreichen wollt und schlussendlich auch erreichen werdet! Auch, wenn Euer kleiner Liebling immer wieder dafür sorgt, dass Ihr wenden oder ihn sonstwie einschränken müsst. Diese Ziele sollten unbedingt auch mal dort liegen, wo Euer kleiner Naseweis ausgerechnet nicht hin möchte.

Reaktive Ziele splitten
Ihr splittet, wenn nötig, reaktive Ziele von vornherein und früh genug, indem Ihr Euren Hund hinter Euch die Seite wechseln lasst, ihn an der »potenziell reaktiven Stelle«, also zum Beispiel einem anderen Hund, souverän vorbeiführt, um danach die Führseite wieder zu wechseln. Dabei schaut Ihr so wenig wie möglich auf Euren Hund. Vielmehr haltet Ihr Euer Ziel im Auge und achtet auf mögliche Ziele Eures Hundes sowie die vielen, vielen Sichtlinien auf dem Weg zu Eurem anvisierten Ziel.

Schnüffeln erlauben
Natürlich könnt Ihr Eurem Hund nicht jedes seiner Ziele verbieten. Schließlich will seine Neugierde auch ab und an einmal befriedigt sein. Dumm nur, wenn sein Ziel nicht auf der Seite liegt, auf der er läuft oder wenn Ihr ihm einfach nur im Weg steht. Abhilfe

schafft hier ein Körpersignal, durch das Ihr ihm mitteilen könnt, dass Ihr ihm das Schnüffeln erlaubt. Ihr dreht Euch einfach so in Richtung des Ziels, dass Ihr Euch von Eurem Hund abwendet. So muss er nicht vor Euren Füßen herlaufen bzw. Euren Weg kreuzen, sondern kann unbehelligt und mit Eurer erlauchten Erlaubnis hinter Eurem Rücken seiner Begierde nachgehen.

Zwischen den Trainings im Alltag

Von heute an geht es genau so aus Eurer Haustüre wie bei Eurem letzten, weil gelungenen, Versuch. Ihr lasst Euren kleinen Kontrolleur nie mehr einfach so aus der Türe!

Ihr kontrolliert alle Sichtlinien deutlich und schränkt Euren Kontrolleur schon bei der kleinsten Naseweisigkeit ein! Auf bzw. vor jedem Spaziergang!

Außerdem sucht Ihr Euch auf jedem Spaziergang immer wieder neue Ziele, die Ihr erreichen wollt!

Zu diesen Zielen geht Ihr – mit Eurem Hund. Die Wege zu Euren Zielen kontrolliert Ihr im Hinblick auf reaktive Ziele, die Euren Hund veranlassen könnten, an der Leine zu ziehen. Achtet besonders auf immer wiederkehrende Ziele (den einen Baum, die Toreinfahrt, diese oder jene Hecke, ...) an denen er sich ungebührlich benimmt! Auf jedem Spaziergang!

Zielübung

Zusätzlich möchte ich Euch gern eine recht sportliche Übung empfehlen. Dazu braucht Ihr eine freie, etwas abgelegene Wiese und eine möglichst lange Leine von maximal fünf Metern Länge. Zur Not tut es aber auch Eure normale Führleine in der längsten Einstellung (ca. 180 cm). Diese Leine befestigt Ihr an Eurem Gürtel oder bindet sie fest um Euren Bauch (letzteres geht nicht mit der Führleine, auch nicht bei kleinem Bäuchlein).

Nun sucht Ihr Euch ein Ziel in einiger Entfernung und rennt volle Kanne, ohne Rücksicht auf Euren Verfolger, dorthin. Aber nur so lange, bis er versucht (!) Euch zu überholen. Denn in diesem Moment macht Ihr auf dem Absatz kehrt und rennt zu einem neuen Ziel. Erreicht Ihr Euer jeweiliges Ziel vor Eurem Verfolger, erhält dieser dort umgehend eine Belohnung. Aber wirklich nur dann, wenn Ihr vor ihm da seid.

Bei dieser Übung gibt es keine einschränkenden, sondern nur motivierende Wendungen!

Zumindest nach einiger Zeit werdet Ihr immer mehr Eurer Ziele erreichen. Diese Übung hat drei Gründe: Erstens zeigt Ihr Eurem Hund, dass Ihr auch was drauf habt. Zweitens, dass Ihr auch Ziele habt und diese auch vehement verfolgt, ohne dabei auf seine Ziele zu achten. Und drittens sorgt sie ganz nebenbei dafür, dass er sich kontrolliert austoben kann.

Trainingsthema 7

Sucht Euch für dieses Training bitte unbedingt einen bedeckten, kühlen Tag aus! Es könnte nämlich durchaus sein, dass Euer kleiner Liebling während des Trainings etwas länger im Auto verweilen muss und ich möchte nun wirklich nicht schuld daran sein, dass er einen Hitzschlag erleidet.

Zunächst übt Ihr aber nochmals das Verlassen Eures Hauses. Klar nervt Euch das. Aber was sein muss, muss sein! Außerdem nehmen wir uns heute Euer Auto vor. Natürlich bewegt Ihr Euch äußerst gesittet dorthin ...

Aus dem Haus
Das kennt Ihr ja schon, bzw. könnt es weiter vorn nochmal nachlesen ...

Weg zum Auto
Ihr lauft von Eurer Haustüre zu Eurem Auto. Beachtet die Sichtlinien und seid bitte äußerst konsequent.

Am Auto
Hier verladet Ihr Euren Beifahrer ins Auto und stellt Euch danach mal folgende Fragen:

Findet der Einstieg kontrolliert statt?
Das ist dann der Fall, wenn Euer Beifahrer (wirklich) erst dann einsteigt, wenn Ihr ihn – mittels eines Kommandos – darum bittet!

Was mache ich bloß, wenn er unkontrolliert einsteigt?
Ganz einfach? Üben! Und konsequent sein.

Das geht so ähnlich wie an Eurer Haustüre. Seine kleine Vorwitzigkeit bekommt vor dem Auto ein Ruhekommando, das er solange einhalten muss, bis Ihr es durch ein weiteres Kommando fürs Einsteigen auflöst. Auf dieses Einsteigekommando hin, hat er sich sofort und auf direktem Wege ins Auto zu begeben bzw. von Euch hineinzuheben lassen. Im Auto kann er dann meinetwegen auch gern eine kleine Belohnung für sein vorbildliches Benehmen erhalten.

Wie verhält sich der Hund im Auto?
Jetzt begebe ich mich auf sehr dünnes Eis. Denn wenn ich Euch jetzt alle möglichen Lösungen für alle erdenklichen Probleme, die wir Hunde mit dem Autofahren haben

können, liefern würde, müsste ich ein neues Buch schreiben. Und das wäre mindestens genauso dick wie dieses hier.

Aus diesem Grund muss ich es leider dabei belassen, Euch zu sagen, dass der anschließende Spaziergang nicht besonders entspannt sein wird, wenn Euer Beifahrer schon auf der Fahrt seinen Stresspegel auf hundertachtzig schraubt.

Falls Ihr also einen tobenden Irrwisch oder ein kotzendes Wimmerlein spazieren fahrt, wendet Euch bitte unbedingt an einen gut ausgebildeten Hundespezialisten, um dieses Problem zu lösen. Einen solchen erkennt Ihr weder an seinem tollen Internetauftritt noch an seinen horrenden Preisen, sondern am besten an seinen Antworten. Schildert ihm telefonisch Euer Autoproblem und hört Euch an, was er dazu sagen hat und welche Trainingsformen er empfiehlt. Wenn er Euch eine schnelle Lösung verspricht, dankt ihm recht herzlich und legt auf!

Wenn er aber zunächst zu einem Hausbesuch rät und Euch weiter erklärt, dass er mit Euch zusammen eine passende Trainingsform suchen und finden möchte, dann ist das schon mal bestimmt nicht verkehrt. Während des Hausbesuches könnt Ihr dann auf jeden Fall schon erkennen – und er im Übrigen auch – ob die Chemie zwischen ihm und Euch stimmt. Und anhand seines anschließend (schriftlich) ausgearbeiteten Trainingsplans könnt Ihr Art und Umfang des Trainings abschätzen sowie die angestrebten Trainingsziele nachvollziehen und überprüfen.

Alles aussteigen

So, jetzt müsst Ihr Euren Beifahrer aber bald wieder aus seinem Gefängnis befreien. Bevor Ihr ihn aber wieder aus dem Auto holt, steigt Ihr ein und lasst den Motor an. Wenn möglich rollt Ihr auch ein Stück an oder fahrt vielleicht noch besser einmal um den Block. Dann steigt Ihr wieder aus und lasst Euren Hund aussteigen.

Findet der Ausstieg kontrolliert statt?
Gerade der Ausstieg sollte so kontrolliert wie nur irgend möglich vonstatten gehen. Denn ganz abgesehen von der Bedeutung dieses Ausstiegs für den anschließenden Spaziergang wäre Euer kleiner Liebling nicht der erste (und bestimmt auch nicht der letzte) Hund, dessen reaktiver Ausstieg sowie der sich daran anschließende Hechtsprung auf die Straße mit einem doppelten Kieferbruch oder einem Trümmerschaden an der Hüfte oder gar mit seiner Einäscherung endet.

Von einem kontrollierten Ausstieg könnt Ihr erst dann reden, wenn Ihr die Türe öffnen und ihn anleinen könnt, ohne dass er irgendwelche Anstalten macht, seinen Ausstieg in Eigenregie vornehmen zu wollen. Sondern brav wartet, bis Ihr ihm das Aussteigen ausdrücklich erlaubt oder ihn aus dem Auto hebt.

Was machen wir, wenn der Hund unkontrolliert aussteigt?
Falls Euer kleiner Liebling dazu neigt, Eure gut gemeinten Ratschläge zum kontrollierten Ausstieg zu ignorieren, müsst Ihr vor allen Dingen erst einmal eine gewisse Konsequenz herstellen. Aber wie soll das gehen? Er ist doch so schnell! Ja das stimmt. Deshalb gilt es erst einmal, zu verhindern, dass er unkontrolliert aussteigen kann.

Sucht Euch eine feste Halterung in Eurem Auto, an der Ihr eine Leine befestigen könnt. Im Notfall bieten die Kopfstützen solch einen Ankerpunkt. Die Leine selbst muss so lang sein, dass er sich noch gut umdrehen kann und so kurz, dass er nicht aus dem Auto springen kann. Testet Eure Konstruktion bitte, indem Ihr mit aller Kraft an der Leine zieht und daran ruckt. Diese Leine müsst Ihr natürlich schon beim Einstieg an Eurem Hund befestigen, aber da seid Ihr hoffentlich schon selbst drauf gekommen.

Bevor Ihr nun die Türe öffnet, gebt Ihr Eurem Aussteiger jetzt erst einmal ein Ruhekommando (ich gehe im Weiteren von »Sitz« aus).

Ja, richtig – von draußen. Falls Ihr Zweifel an seinem Hörvermögen habt, könnt Ihr ja vorn Euer Fenster öffnen – ich fass es nicht. Erst wenn er dieses Ruhekommando ausführt, fasst Ihr den Türgriff an. Steht er auf, lasst Ihr den Griff sofort wieder los. Bleibt er sitzen, öffnet Ihr die Tür.

Steht er nun etwa auf? Tür wieder zu! Solange bis er bei geöffneter Türe brav vor Euch sitzt. Dann macht Ihr erst Eure Führleine dran und anschließend die Halteleine ab und gebt recht fix Euer Kommando für den Ausstieg, bevor er das wieder selbst in die Hand nimmt.

Wenn er dann endlich draußen ist, gibt es erst einmal ein neues Ruhekommando. Schließlich müsst Ihr die Türe wieder schließen und Euch auf den Beginn des anschließenden Spaziergangs vorbereiten. Führt Euer braver Azubi auch dieses Ruhekommando geduldig aus, gibt es anschließend eine tolle Belohnung und Euer Spaziergang kann beginnen!

Zwischen den Trainings im Alltag

1. Beachtet von nun an die Regeln beim Be- und Entladen!

2. Übt das kontrollierte Ein- und Aussteigen, wenn Euer Hund es (noch) nicht beherrscht.

3. Achtet unbedingt konsequent auf die Einhaltung der »Wartekommandos«.

Trainingsthema 8

Extra für Gruppen

Falls Ihr Euch in eine Gruppe zusammengefunden habt, könnt Ihr Euer bisher Erlerntes mit dem folgenden Zwischentraining gern auf einem gemeinsamen Spaziergang überprüfen und vertiefen.

Ihr sucht Euch einen nicht allzu überfüllten Wald oder Park. Alle führen ihren Hund zunächst auf der linken Seite und laufen auch auf der linken Seite des Weges. Alle laufen betont langsam. Der jeweils Letzte wechselt seinen Hund auf seine rechte Seite und überholt die anderen. Danach wechselt der Hund wieder nach links und beide laufen wieder auf der linken Seite des Weges. Der Letzte überholt wieder, und so weiter. Dann wechselt Ihr alle die Führseite und geht auf der rechten Seite des Weges und das Ganze beginnt von vorn. Wenn das dann auch schon gut klappt, übt Ihr das Begegnen. Wieder laufen alle auf der rechten Seite mit rechts geführtem Hund. Nun dreht der erste von Euch mit einer Linkswendung um, läuft in der entgegengesetzten Richtung an den anderen vorbei und schließt sich hinter der Gruppe wieder an. Dann ruft er ein vorher abgesprochenes Codewort und der erste der Gruppe wendet wieder. Das Ganze übt Ihr dann auch noch links geführt.

Natürlich könnt Ihr auch üben, nebeneinander entspannt spazieren zu gehen und Euch dabei auch noch zu unterhalten.

Bei all diesen Übungen achtet Ihr unbedingt darauf, dass Eure Hunde auch brav mit Euch spazieren gehen. Nicht ordentlich laufende Hunde werden eingeschränkt, gewendet oder weggebracht (denkt dran: Wege sind dazu da, dass man sie auch verlassen kann).

Splitten
So splittet Ihr die Hunde, indem Ihr immer zwischen ihnen lauft. Das Leben kann so einfach sein! Man muss nur wissen, wie man es sich einfach macht ...

Bogen laufen
Falls nötig, läuft der Überholende oder der Entgegenlaufende einen Bogen über die Wiese. Dabei halten alle anderen gegebenenfalls an, damit er auch überholen kann beziehungsweise laufen etwas schneller, damit die Begegnung nicht so lange dauert.

Trainingsthema 9

Auf zum Spaziergang

Heute wollen wir einen schönen Spaziergang unternehmen. Zu diesem Spaziergang zählt aber schon Euer Weg von der Haustüre bis zum Auto. Genauso wie der Ausstieg aus dem Auto. Und der Beginn des Spaziergangs. Gerade jetzt zählt jeder Leinenspanner!

Ihr habt nun alle Vorkehrungen getroffen, dass Euer Spaziergang schon von Beginn an so entspannt wie möglich vonstatten gehen kann. Nun wollt und sollt Ihr natürlich auch die Früchte Eurer harten Arbeit ernten. Tja, dann mal los!

An der Straße
Wenn weit und breit kein Mensch zu sehen ist, führt Ihr Euren Hund am besten von der Straße abgewandt. So schirmt Ihr ihn vor den vorbeifahrenden Autos ab und könnt ihn wunderbar an Mauern und Zäunen einschränken.

Kommt Euch aber jemand entgegen, egal ob nun mit oder ohne Hund, so führt Euren Hund so, dass Ihr ihn vor dieser Person abschirmt (splittet). Ist die Straße nicht breit genug oder merkt Ihr, dass Euer kleiner Liebling nervös wird, wechselt bitte die Straßenseite. Das Gleiche gilt natürlich auch, wenn Ihr jemanden überholen oder an jemandem vorbeigehen wollt.

Über die Straße
Kontrolle geht vor. Gebt Eurem braven Begleiter vor jeder Straße, die es zu überqueren gilt, ein Ruhekommando. Das ideale Kommando dafür ist übrigens das »Steh«. Wartet lange genug, bis die Straße so frei ist, dass Ihr auch bei der Überquerung einschränken könnt! Allerdings solltet Ihr auch nicht drüber schleichen.

Vorbei an Haus Nr. 36
Lest Euch alles, was ich Euch im ersten Teil dieses Buches zum Splitten und Bogen laufen gesagt habe – und speziell die Situation an Haus Nr. 36 – nochmal genau durch. Und wendet es an!

Im Wald oder Park
Achtet bitte weiter konsequent auf die Leine. Spannt sie sich, müsst Ihr unbedingt sofort reagieren. Nutzt alles, was Euer lieber Gott Euch in die Landschaft gestellt hat, um Eu-

ren kleinen Springinsfeld gegebenenfalls einschränken zu können. Sammelt Punkte und achtet darauf, wann und wie Euer kleiner »Gegner« Punkte macht, damit Ihr Euch den einen oder anderen Punkt in den entscheidenden Situationen zurückholen könnt. Achtet bei bevorstehenden Begegnungen auf Euren Hund! Schaut Euch an, was er Euch zu sagen hat und lauft einen Bogen, schon bevor er aus der Hose fliegt.

Belohnt Ihn unbedingt (gerne auch mit einem Jackpot), wenn die Leine in solchen Situationen locker bleibt. Spielt das leckere Baumspiel. Und lauft bitte vorausschauend.

So, und nur so, könnt Ihr Punkte machen und das Spiel kontrollieren. Denn jetzt seid Ihr endlich auf Eurer Spielwiese angekommen. Nutzt Eure Stärken und korrigiert seine Schwächen souverän und ohne jede Aufregung. Fehler kann jeder mal machen – überlegt mal, wie viele schwere Fehler Ihr begangen habt, bevor Ihr dieses Buch gelesen hattet! Nach einigen solcher Spaziergänge werdet Ihr keinen Gegner mehr haben, sondern einen tollen Partner. Einen Partner, mit dem Ihr es als Doppel getrost mit jedem Gegner aufnehmen könnt, denn Ihr seid ein Spitzenteam!

Rückweg
Auch der Rückweg gehört zum Spaziergang! Konzentriert Euch noch ein letztes Mal, gleich habt Ihr es geschafft …

Zwischen den Trainings im Alltag

1 Übt all das, was bei Euch selbst nicht so gut geklappt hat.

2 Achtet auf die besonderen Schwierigkeiten, die Euer Hund noch hat.
   Schreibt sie auf und arbeitet weiter daran. Überlegt, wie Ihr ihm helfen könnt!

Trainingsthema 10

Waldspaziergang

Wir werden heute einen Waldspaziergang an der Leine unternehmen. Schließlich war und ist das Thema dieses Buches. Ach, da hätte ich gleich noch eine Bitte: Ich hatte ja zu Anfang behauptet, dass 95% aller freilaufenden Hunde nur deshalb abgeleint sind, weil sie ziehen wie die Berserker. Schreibt mir doch bitte, ob Ihr diese Einschätzung mittlerweile teilt oder ob Ihr sie für übertrieben haltet.

Überholen
Wechselt die Führseite so, dass Ihr bei jedem einzelnen Überholvorgang splittet.

Begegnungen
Splittet erst recht bei Begegnungen. Scheut Euch nicht den Weg zu verlassen, um einen Bogen laufen zu können. Kehrt danach unbedingt wieder auf den Weg zurück!

Das leckere Baumspiel
Überzeugt Euren Hund davon, dass Ihr wichtige Dinge finden könnt!

Warum hat die Natur Bäume in den Wald gestellt?
Damit Ihr sie nutzen könnt! Nichts eignet sich besser, einem Hund den rechten Weg und das ordentliche Laufen zu zeigen, als ein schöner, dicker Baum.

Erfüllt mir bitte einen Wunsch

Wenn Ihr dieses Buch jetzt zuklappt, dann legt mich bitte nicht in irgendeine dunkle Schublade. Lasst mich doch bitte so liegen, dass Ihr immer mal wieder hereinschauen könnt. Ich bin mir sicher, dass Ihr das ein oder andere noch einmal nachlesen wollt.

Und, wenn Ihr eine Frage oder ein Problem habt, deren Antwort Ihr nicht so recht finden könnt, dann schreibt mir einfach. Vielleicht kann ich Euch ja helfen. Natürlich könnt Ihr mir auch gerne einfach so schreiben. Meine Adresse lautet: post@bertie-der-terrier.de oder Ihr surft einfach auf meine Seite bertie-der-terrier.de im weltweiten Netz, da könnt Ihr mir dann auch schreiben.

Ich wünsche Euch viele, viele Erfolge und hoffe, dass meine Worte Euch helfen können, die zukünftigen Spaziergänge mit Eurem kleinen Liebling immer entspannter zu gestalten.

Bitte sehr!

Eine Bitte hätte ich. Und die richtet sich an alle Hundetrainer dieser Welt.

Ihr könnt meine Methode gerne für Euer Training nutzen. Ihr könnt mir auch mailen, wenn Ihr irgendwo nicht weiter kommt oder sonst irgendeine Frage habt. Aber seid bitte ehrlich dabei!

Sagt Euren Trainees, dass Ihr nach meiner Methode arbeitet. Und empfehlt Ihnen bitte, mein Buch sorgfältig zu lesen, bevor es mit dem Training losgeht.

So etwas nennen Eure Manager, glaube ich, eine »win-win Situation«: Ihr könnt nach einer erprobten und äußerst erfolgreichen Methode lehren und ich bekomme auch morgen noch die leckersten Dinge in meinen Napf! Ganz davon abgesehen, dass ich unbedingt demnächst ein neues Körbchen brauche!

Danke schön!

Euch allen danke ich für Eure Mitarbeit und dafür, dass Ihr so toll durchgehalten habt, auch wenn es sicherlich manchmal gar nicht so leicht war.

Aber ich habe noch mehr zu danken. Dem alten Ben, dass er mir so viel fürs Leben beigebracht hat. Meinem, dass er immer zu mir hält. Der Frau Rau, dass Sie so viel Geduld mit mir hatte. Der Amelie, dass sie so tolle Bilder für mich geschossen hat. Und natürlich den Teilnehmern von WIR2 – der Hundeschule für Menschen, dass sie sich auch in unangenehmen Situationen haben knipsen lassen. Ganz besonders danke ich natürlich unserem Dreamteam auf dem Bild ganz vorne im Buch. Das sind von rechts nach links: Der Golden Retriever »Diego«, sein Leinenhalter Ingo, die Isa und ihre quirlige Labrador Retriever Hündin »Fay«.

Mir hat es großen Spaß gemacht mit Euch allen und ich würde das jederzeit wieder machen!

Euer Bertie

Weitere Bücher aus unserem Verlag

Victoria Schade

Das starke Band
Mag mein Hund mich wirklich?

Worin besteht das Geheimnis einer guten Bindung zwischen Hund und Mensch? Woran liegt es, dass manche Hunde ihre Besitzer geradezu vergöttern und nichts lieber tun, als in deren Nähe zu sein, während andere lieber ihrer eigenen Wege gehen? Mag Ihr Hund Sie wirklich?

Hundetrainerin Victoria Schade erklärt, dass es in der Beziehung zum Hund nicht um Dominanz, sondern die Schaffung eines vertrauensvollen Verhältnisses geht und wie dieses zum echten »Klebstoff« zwischen Ihnen und Ihrem Vierbeiner wird.

Bewerten Sie zunächst in einem Fragebogen, wie es um die aktuelle Bindung Ihres Hundes an Sie bestellt ist und lernen Sie dann die Elemente kennen, aus denen das starke Band geknüpft wird.

Flexicover, 208 Seiten
Durchgehend farbig

ISBN 978-3-942335-20-1
Preis: 24,80 €

www.kynos-verlag.de